信州てくてく
おいしいもの探訪

伊藤まさこ

文藝春秋

はじめに

恥ずかしながら、私、信州に暮らすまで、「おいしい食材探しは、いいスーパー探しをすること」と思っていました。野菜やくだもの、米などの農産物にはじまり、肉の加工品、乳製品など、きちんとしたスーパーを選んでいれば大丈夫。そんな安心感があったのです。お店に並ぶもっともっと前のことをあまり考えたことがなかったんですね。

そんな私が暮らしの中心を東京から信州・松本に移して4年目。もともと根っからの食いしん坊。フットワークの軽さも手伝ってか、西においしいものがあると聞けば駆けつけ、東に珍しい食べ物があると聞けば車を飛ばし……といった具合に、最初の一年は大忙しで信州内を歩きまわりました。見るもの聞くものすべてが発見と驚きに満ちた毎日。もしかしたら「暮らす」というより「旅をしている」そんな気分だったのかもしれません。

こんな風に好奇心の赴くまま、おいしいもの探しをするうちに、その興味が「おいしいものを作る人たち」と「おいしいものを生み出す信州の大地」へと移っていきました。「酒造りは農業なんですよ」とある酒蔵の方がおっしゃいました。よい酒造りは醸造の技術に気を使うのはもちろんだけれど、よい水、それからよい米がなければだめだと。

この本に出てくる「おいしいもの」は、まさにそんな信州の土地から産まれたものばかり。びっくりするほどひたむきで、時に頑固、そしてちょっとシャイな人たちが、この土地と向き合って、作られる、おいしいもの。お焼きだけじゃない、野沢菜だけじゃない（もちろんどちらも大好物だけれど！）信州のおいしいものを、たくさんの人に知ってもらえたらいいな……そんな風に思っています。

目次

信州のこと

♪信濃の国は十州に　境連ぬる国にして
聳《そび》ゆる山はいや高く　流るる川はいや遠し
松本伊那佐久善光寺　四つの平《たいら》は肥沃の地
海こそなけれ物さわに　万《よろ》ず足らわぬ事ぞなき

長野県歌「信濃の国」の歌詞にもあるように、長野県といえば山。流れ淀まない水。そして肥沃な大地。まずは9ページの地図を見てください。およそ1万3560平方キロメートル。広大な土地は東西に短く南北に長い形をしており、大まかに北が「北信」、西側の「中信」、「東信」、「南信」と4つのエリアに分けることができます。

私の住む松本は中信。中信の中でもほぼまん中に位置する松本地域で、他に岐阜に面した木曾地域、北の新潟県に面した豪雪地帯の小谷《おたり》村や白馬村などの大北《だいほく》地域……と三地域に分かれています。同じ中信でも土地によって気候はさまざま。それゆえ、栽培される農作物や生育する植物もさまざまです。

木曾地方では朴の葉を使った料理やお菓子、寒暖差を活かして栽培されるブルーベリーが。北アルプスの雪解け水が豊富な安曇野ではわさびなど、土地の特徴を活かしたおいしいものに巡りあえるというわけ。

それは中信にかぎらず長野全般に言えることです。北信では小布施《おぶせ》の栗、千曲《ちくま》の杏、信州を代表するお漬けもの、野沢温泉の野沢菜漬けが有名。また黒姫の麓、信濃町は昼夜の温度差が大きく霧が発生しやすい高原地であるため、蕎麦をはじめ、とうもろこしやトマトなどの良質の野菜が栽培されています。戸《と》隠《がくし》の根曲がり竹などに代表される山菜、それからきのこもたくさん採れるんですって。

東信では東御《とうみ》のくるみ、川上村ではレタスなどの高原野菜、避暑地として知られる軽井沢ではルバーブ。くるみはくるみ餅、ルバーブはジャム……と食材から生み出される加工品も、ぜひ味わってほしいもののひとつです。

南信の諏訪湖周辺では霧ヶ峰高原からの伏流水による酒造りがさかんです。その少し東の蓼科高原では狩猟が行われ、冬のいっとき、ジビエを味わえます。南信は「南」とつくものの、諏訪方面は寒天作りに適しているほどとても寒い地域。その一方で静岡の県境に近いところではお茶を栽培している農家もあるのだとか!!

こんな風に、ひと口に「長野」と言っても気候や風土はあまりに多様。たとえばふきのとうひとつとっても、松本で旬を過ぎたとしても、もっと北、あるいは高地に行けば、まだまだ始まったばかりで、ずいぶん先まで収穫できたり……と旬の時期は一瞬ではありません。幸い、私は長野県のまん中に住んでいるので、思い立ったら北信でも南信、東信でも車で一時間と少しあれば行けるので、旬を追いかけておいしいものを手に入れることができるのは、うれしいことだと思っています。

さてさて、信州をひとまわりするために、車に常備していると便利なものをお知らせしておきます。それは麦わら帽子とかご、それに長靴。帽子は夏の強烈な日差しを避けるための必需品。かごは車で移動中に直販所や農園などに遭遇した時のためのもの。長靴まで？　と思うかもしれないけれど、山でおいしいものに出会った時用のもの。この長靴があったおかげで、森に分け入り、桑の実や山椒の葉、木いちごやきのこなどおいしいものにありつけたのでした。信州の魅力はまさに「大地の味」。土から離れてすぐのびっくりするような新鮮な味をぜひ体験して欲しいと思います。

忘れちゃいけないのが
この3つ。
車に積んでおいて、いつでもGO！

安曇野池田町
「池田町ハーブセンター」のハーブ→ p42
「体験農場あぶらや」の野菜→ p42、46
「福源酒造」のシードル→ p100
「安曇野 翁」の蕎麦→ p134

豊野
「大信州」の日本酒→ p110

中野
「信濃ハム」の加工肉→ p120

小布施
「松仙堂」の栗→ p76
「信州堂」のくだもの、野菜→ p90
「小布施ワイナリー」のワイン→ p96

松本
「生産者直売所アルプス市場」の野菜
→ p22、74、120、154
ルバーブ入りのカレー→ p74
りんごのおやつ→ p94
「日本料理 温石」の料理→ p104
芹とクレソンを食べる→ p158

上田
「ルヴァン」の
パンとランチ→ p14

奈川
ふきのとう摘み→ p142
「清水牧場」のチーズ→ p148

扉温泉
「桧の湯」の温泉水→ p130

開田高原
「KAIDA FARM」で
ブルーベリー摘み→ p54
ブルーベリージャム作り→ p58

蓼科高原
「612 ファーム」の
野菜とごはん→ p64、68
「オーベルジュ・エスポワール」
のジビエ→ p124

諏訪
かりんとかりんのパテ→ p84
「真澄蔵元・宮坂醸造」の日本酒→ p110

王滝村
「ひめや」の朴葉巻き→ p34
「ひだみ」の郷土料理→ p38

大鹿村
「山塩製塩所」の山塩→ p24
「美濃屋豆腐店」の大鹿とうふとお揚げ→ p26
「ヘルシーミート大鹿」の鹿肉→ p82

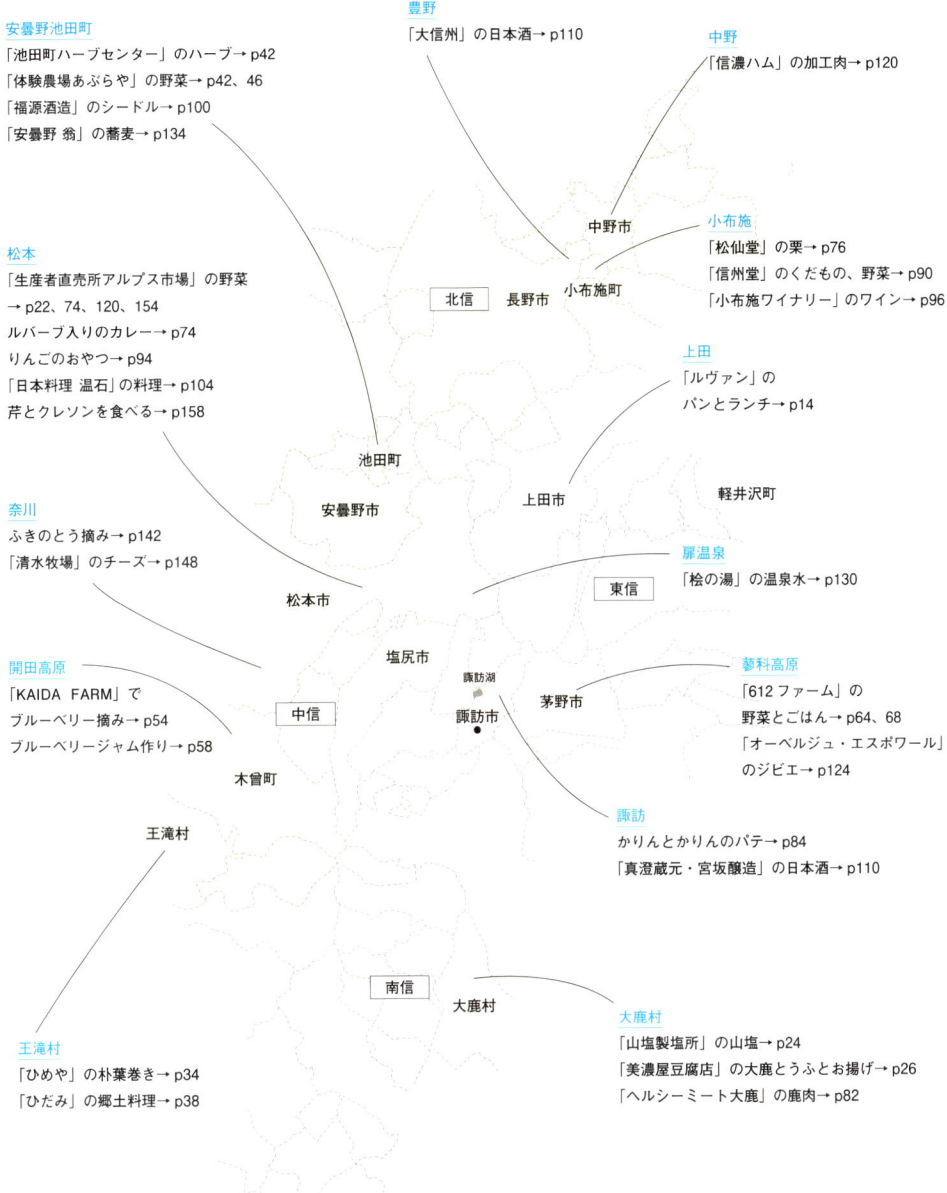

少し霞がかった春の北アルプスは、やさしい印象。

5月のはじめ、りんご畑はまっ白な花をつけます。

「ルヴァン」のパン、「ルヴァンターヴル」のランチ

上田

古い町並みが残る北国街道を歩いていると風に乗ってパンの焼けるいい匂いが漂ってきました。ここは上田のパン屋さん「ルヴァン」。上田に来ると必ず立ち寄るパン屋さんです。というよりも、「ルヴァン」に来たいがために上田に遊びに来る用事を考える、と言った方が正解かもしれません。「おはようございまーす」。お店に入ると、スタッフがせっせと焼きたてのパンを並べている最中です。カンパーニュに玄米キッシュ、ドライイチジクとくるみの入ったフィグ・ノア……まだまだほんわりと温かいパンがかごやトレーに次々とのせられていきます。

お目当てのパンの焼き時間を知っている常連さんや、ふらりと立ち寄ったご近所の方、匂いにつられて入ってきた観光客など、お店に人がやってきてはうれしそうに紙袋を抱えて帰っていく姿が見られます。「上田は人との距離が近いんです。すれ違う人が挨拶してくれるのがうれしくて」と言うのは、東京・富ヶ谷の本店から上田店に来て2年という清原さん。東京と上田のお店では材料もレシピもまったく同じですが、味わいは微妙に違うというから不思議です。「住みついている酵母菌が違うということ。そして何より、空気と水がおいしいからかもしれませんね」

「ルヴァン」では、オーナーの甲田幹夫さんの考えで植物性の材料のみが使われていますが、お年寄りが多いという土地柄を考えて、パン・ドゥ・ミやあんぱんの生地には牛乳とバターを入れて、柔らかいパンも作っています。甲田さんはじめ、スタッフの心遣いが地元の人に受け入れられ、6年前のオープン当初は少なかった近隣のお客さまも徐々に増えて今にいたるのだそうです。「甲田がよく言うんです。パン作りも大切だけれど、パン作りを通して人と人がつながっていくことが大事なんだって」と清原さん。「ルヴァン」のパンの魅力はこんなところにあるのです。

切り口がきれいなグリーンアスパラガスのキッシュ。食べると口の中がアスパラの香りでいっぱいに。パン屋の奥にある「ルヴァンターヴル」にて。

カンパーニュの仕込み中。工房をそっと見学。

スタッフのお墨つき

毎朝４時にスタートするという仕込み。清原さんと田村さんが、パン生地の発酵の頃合いを見ながら、次々と成形していきます。国産の小麦に天然の塩、それから天然酵母。ルヴァンで使う素材は素性がはっきりしていて安心できるものばかり。だから、スタッフは自信を持ってお客さまに薦められるのだそう。「パンは小麦と塩と水だけでできているのに、その日によってできあがりはまるで変わる。いまだに毎日、新しい発見があるんです」と清原さん。まるで生き物を相手にしているようでおもしろく、興味深くもあるそうです。

「せーのっ」

入れて……

一気に引き出す。

ふわっふわ、まるで赤ちゃんのようなパン生地。

ナイフで一気に模様づけ。「ちょっと失敗したかなと思っても焼きあがるといいかんじになるんですよ」

窯から出したばかり！　工房全体が焼きたてカンパーニュの香りに。

パチパチパチッ……
焼きあがったパンから
こんな音が。

250度前後という窯の中。「窯を開けるときが一番緊張するんです」

叩いて焼きあがりを確認。空洞のような音がしたらオッケーです。

焼きあがりの目安は清原さんの感覚がたより。

カンパーニュはひとつ1キロくらい。量り売りで好きな分だけ買うことができます。

くるみと赤ぶどうのパンの仕込みを体験。パン生地は思ったより、柔らかい！

パンの顔がきれいに見えるように、生地を内側に入れこむように成形します。

パン生地は5種

ルヴァンのパンにはすべて天然酵母が使われています。作り置きや長期保存ができない天然酵母。そのためにスタッフが毎日手をかけ、酵母の発酵力を維持しています。この作業を「かけ継ぎ」と言うのだとか。左の型に入ったものはグリーンレーズンパン。前日の午前中に仕込み、冷蔵庫に入れて翌朝の4時頃までゆっくり発酵させていきます。基本の生地は全部で5種類。くるみやレーズンなど中に入れる具材で味の変化をつけるそうです。買ったパンは、乾燥を防ぐため、ビニール袋に入れて保管します。常温では4〜5日ほどもちますが、薄くスライスして冷凍も可能です。「もしもかたくなってしまったら、霧吹きなどで水分を補って焼き直して下さいね。蒸籠（せいろ）で蒸してもおいしいですよ」とはスタッフから。

オーブンに入れるのを待つばかりのグリーンレーズンパン。年季の入った型がすてきです。

あんぱんも焼きあがりました。ふっくら、まんまるです。

小豆は兵庫県の衣笠さんから届くものを使っています。

こんな風にあんこを詰めて、

口をきゅっとつぼめます。

上田店のあんぱん

焼きあがったあんぱんはすぐに店頭へ。店先には「あんぱん焼きあがりました」と書かれた看板が置かれます。さっそく買ってひと口かじると、外はかりっ、中のあんこはしっとりやさしい味わい。買い占めたい気持ちを抑え、ふたつだけ包んでもらいました。店には看板に吸い寄せられるようにお客さんが集まり……1時間もしないで完売!!

これは製粉機。毎日仕込む分の小麦を製粉します。

見た目も美しい「本日のプレート」。ドリンクメニューには小布施ワイナリーのワインも。

かわいい手書きのメニュー。

ルヴァンターヴル

パン作り見学の後は、奥のレストラン「ルヴァンターヴル」へ。春はうどやスナップえんどうのオムレツ、夏はラタトゥーユやズッキーニのキッシュ、バジルペーストを加えたポテトサラダなど、信州の野菜をふんだんに使った料理が出されます。今日いただいたのは「本日のプレート」。野菜のポタージュと今が旬のアスパラガスのキッシュ、それからオープンサンドが２種類。素材は地元の市場で仕入れるとか。「アスパラはアスパラ農家さんから直接仕入れています。もともとここのお客さんだったことが縁なんですよ」。人と人をつなぐルヴァンらしいお話です。

パン売り場から見たルヴァンターヴル。

かごにいっぱいパンを詰めて帰ります。隣にいるのは甲田さん。笑顔がすてきです。

上田に行けないときは、
お店に電話をして送ってもらいます。
内容はおまかせなので、
到着したらわくわくしながら箱を開けます。

こんな風に、
かわいいラッピングで届きます。

ささっと手早く、朝採りアスパラ

松本

5月のある日、市場で朝採りのアスパラを見つけました。朝も暗いうちから採りはじめ、急いで車に積んで運んできたものだとか。……ということは、土から離れてまだ5時間ぐらいしか経っていないということです。鮮度がとても落ちやすいアスパラは、採りたてであればあるほど、おいしいと言われています。

毎年この時期、採れたてのアスパラを食べる幸運に巡りあえますが、食べるたびに、何とも言えない香りと味わいに感動します。食べ方はいたってシンプル。蒸籠《せいろ》でさっと蒸して、まずはそのままパクリ。ふだんは柔らかい穂先を好んで食べるくせに、この時にかぎっては茎の、それも芯の方の白い部分にばかり目がいきます。

今日は、菜の花も一緒に蒸して、オリーブオイルと塩をふって食べることに。これはアスパラだけにかぎらず、春キャベツやそら豆、スナップえんどうなどの春野菜にもぴったり合う食べ方で、おいしい塩とオリーブオイル、それから蒸し時間さえ気をつければ、できあがりは約束されたようなもの。

信州に暮らすようになって新鮮な野菜がより身近になってからは、蒸すだけ、茹でるだけ、焼くだけ……と、どんどんと自分の料理がシンプルになっているような気がします。シンプルでおいしいならばそれが一番だし、なによりも、手を加えるのがもったいないほどに野菜ひとつひとつの個性がはっきりしているからなのです。

鮮度が命のアスパラ。もし残ってしまった時は、切り口を乾かさないようにして、必ず立てて冷蔵庫に保存します。生命力が強いアスパラは横にすると立ち上がろうとする習性があるのだとか。「だから、余計なエネルギーを浪費させないようにした方がいいんですよ」。農家の方がそう教えてくれました。

でも多分、朝採りのアスパラに関しては保存の心配はいらなさそうです。だって、みんなで先を争うようにしてパクパクムシャムシャ食べてしまうから。

採れたてのアスパラは、根元まで柔らかい！　はかまを取る必要もありません。

温泉水から採れる 山塩

大鹿村

蒸し野菜、フリット、スープ、グリルしたお肉、浅漬け……ありとあらゆる料理に使う、塩。私がもっとも頼りにしている調味料です。

人口わずか1200人。2005年には、「日本で最も美しい村」連合に加盟した、自然がたくさんののどかな山村、大鹿村《おおしかむら》。ここには山から採れる「山塩《やまじお》」と呼ばれる塩があるのだとか!? 海のない信州の、しかも標高750メートルの山あいの村でどうして塩が採れるのでしょう？ 岩塩は日本では産出されないはずだし……。塩水の湧く「鹿塩《かしお》」という場所を訪れてみることに。

「地下水に海水が浸透したとか、海底湖があったとか、いろんな説が言われているけれど、本当のところは謎に包まれたまま」。そう話してくださったのは、鹿塩温泉の旅館「山塩館」の4代目ご主人・平瀬長安さんです。平瀬さんは、明治38年に塩の専売法が施行され途絶えてしまった塩作りを復活させようと、宿の敷地内に製塩所を設け、旅館業のかたわら塩を作っています。塩水が湧くのは、旅館の脇を流れる塩川の川床から10メートルほどの場所。ここから汲み上げられた塩水を特製の釜に張り、薪の火で温めながら、少しずつ煮詰めていきます。20リットルの源泉からおよそ500グラムの塩が採れるそうですが、すべてひとりによる手作業なので、できあがった塩はとても貴重です。「だから、仕事っていうよりほとんど趣味みたいなものだね」と、平瀬さん。夏には、この川べりで釣った魚を炭火で炙《あぶ》り、山塩をつけて食べるのが何よりの楽しみなのだとか。

　ミネラル分を多く含む山塩は、苦み分が少なくさらりとした中にも甘みがあるのが特長。塩水が湧き出る地は、村を南北に貫く大断層「中央構造線」の東側にすべて集中していることから、この地形がなんらかの原因になったとも言われているそう。なんともミステリアスなお話です。

塩釜に浮かんだフルール・ド・セル。さらさらしていて、とてもきれい。

かしぐるみの殻を
燃料の一部にしているそう。

味噌やしょうゆ、漬けもの作り……。
かつてはこの村の暮らしに欠かせないものだったという山塩。
今は、平瀬さんの宿と村の特産品直売所「塩の里」で
手に入ります。塩むすびにしてもおいしそう。

製塩所脇には３つの井戸が。
飲んでみると、パスタを茹でるのに
ちょうどよい塩分の濃度。

ここが製塩所。煙突からもうもうと
煙が立っていたら、平瀬さんが塩を
作っている合図。

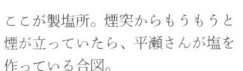

大鹿とうふとお揚げ

大鹿村

創業80年。大鹿村で3代続くお豆腐屋さん「美濃屋豆腐店」。ここで使われる大豆は、大鹿村の農家の方たちが丹誠込めて作る大鹿村の在来種、中尾早生《なかおわせ》です。小粒でコクと甘みがあるこの大豆、なんと品種を守るために村外への出荷が禁じられているのだとか!? そのため「幻の大豆」とも呼ばれているそうです。

この大豆と天然のにがりのみを使い、ご主人・森日出登さんの手によってひとつひとつ作りあげられていく大鹿とうふは、なんと1丁８００グラム。どっしりとした風格ですが、味はとても繊細。ひと口食べると、ふんわりとした豆の味が広がります。そして、三角形をした肉厚のお揚げも、食べだしたら止まらないおいしさです。まるで厚揚げのようですが、外側はカリッ、中はふわふわしています。

このお揚げができあがるお昼時、どこからともなく人が現れて、静かだった店内が賑わってきました。聞けば、村の人だけでなく、遠方からもこの幻の豆腐やお揚げを求めてはるばる大鹿村までやってくるのだそうです。

今でこそ年間2トンあまりも作られるようになった中尾早生ですが、戦後は栽培する農家が徐々に少なくなり、村の人たちからは忘れられた存在だったと言います。というのも、年々品種改良が行われ、病気に強く収穫量の多い品種へと切り替えられてしまったからです。それが10年ほど前に、品種の特産化を目指して栽培を復活させたのだそうです。味のよさは大鹿村独特の地質が影響しているのだとか。

「ここならではの気候や風土、そして土地が、おいしいものを生み出してくれるんでしょうね」とおっしゃるのは、奥さんのさよ子さんです。なるほど、豆腐も「山塩」もこの土地でしか作れない、この土地ならではの味、というわけなのですね。

大豆は12月頃に収穫し、干してから保存。中尾早生は通常の大豆よりもふたまわりほど小粒です。水の中でお豆腐がゆらゆら。

ふわーと立ち上がる、豆の香りいっぱいの蒸気。

大切に大切にかき混ぜていきます。

徳島の天然のにがりのみを使用。

じっくりと火を通していきます。

にがりをぺろり。

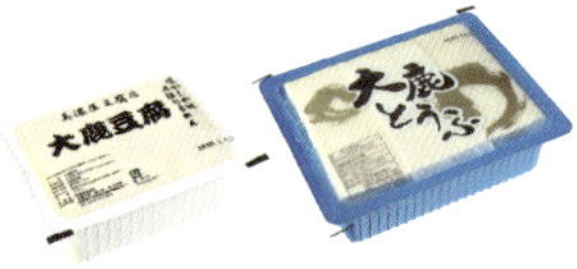

1日に240丁

大豆の甘い香りがぷーんと立ちこめる中、日出登さんの作業が進みます。「まずは、ひと晩水につけた大豆をすりつぶします。マヨネーズのようになめらかにね」。続いて水を加えて火にかけます。途中、竹の道具で何度もかき混ぜ、鍋の中の様子を確認する日出登さん。「つねに豆の状態を見ながら作業をしているんですよ。それ以外にも、季節や天気、気温など、その時々によって仕込み方がちがってくるんです」

すべて日出登さんの感覚と経験によって作りあげられていくのです。一日にどんなにがんばっても、作れる豆腐は240丁が限界という大鹿とうふ。そのおいしさの秘密が分かったような気がしました。

できあがった豆腐を切る手つきは、まるで赤ちゃんを触るように、そおっと。

水切り穴の開いた専用の箱にさらしをしいて、すくい入れます。

刷毛で全体をならします。

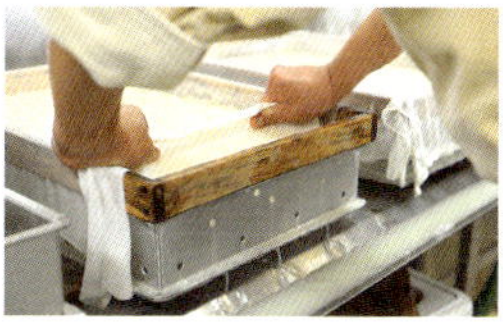

凝固剤を使用していないため、均一には固まらないのだそう。そのため、段階を追ってならしていきます。

ふたをして、重しをのせます。

水に放たれたできたてのお豆腐。ひと箱で15丁の豆腐ができます。

お豆腐を試食。
大豆の甘さが
口の中に広がります。

使う油は良質の菜種油。「だからずっと油の前にいても、気分が悪くならないの」とさよ子さん。

水切りした豆腐を三角に切ります。「これだと、揚げた時にすき間ができないでしょう?」

だんだんと火の勢いがついてきました。油がいいかんじに温まって……。

薪をくべて火の状態を見ます。薪割りは日出登さんが担当。

毎日、変わるお揚げの顔つき

お揚げ用のお豆腐は、おからの小さいカスが入ると揚げる時に沈んでしまうため、ガーゼを二重にして豆乳をしぼり、重しもしっかりかけているそうです。お豆腐よりも準備に時間がかかるのですね。

豆腐作りの途中で、さよ子さんがかまどに火をくべ油を温めはじめました。お揚げを作る準備です。薪で揚げると、火のまわりがとても柔らかでおいしく揚がるのだそう。「毎日お揚げの顔が変わるから、何度やっても飽きることはないのよ」。その日のお豆腐、気候、薪の焚き加減で色のつき方などが変わるのだと言います。揚げたてのお揚げは香ばしく、そしてお豆の柔らかい味がふんわり……。お箸で何カ所か刺して、おしょうゆを少したらして食べるのもお薦めだそうです。

揚げたて！　肉厚お揚げ。油抜きは必要ないそうですよ。

ハフハフ、
おいしい！
ビールとの
相性は抜群。

デリケートなお豆腐は、
こうして大切に持って
帰ります。

いいかんじに膨らんできましたよ。

「できたっ！」

切ったお豆腐をそっと鍋に入れて、

だんだんと油の香りがたってきました。

途中、何度か返しながら……、

木々が一斉に芽吹く5月の終わりは一年のうちで一番気持ちのいい季節。

「ひめや」の朴葉巻き

王滝村

新緑がぐんぐんと勢いを増す6月はじめの信州。緑の葉っぱを楽しみに、岐阜との県境にそびえる御嶽山《おんたけさん》の麓、木曽《きそ》へやってきました。この時期、木曽の山では朴《ほお》の木に若葉が生い茂り、白い大きな花のかぐわしい香りがあたり一面に漂います。

昔から、朴の葉にごはんを包んだ朴葉めしを遠出の際の保存食にしていたという木曽地方。ごはんによい香りが移るだけでなく、葉っぱの抗菌作用で食品を長持ちさせるのは、先人の知恵でもあるのです。これに習った朴葉巻きは、お餅であんこを包んだおまんじゅうを、朴の葉でひとつひとつ包んで蒸しあげたもの。木曽では月遅れの端午の節句に柏餅代わりに食べているそうです。

朴葉巻きのお店、「ひめや」は王滝村《おおたきむら》の山道沿いにあります。一歩入ると店中に朴の葉の香りが漂い、なんともいえない穏やかな気持ちに……。山から切ってきたばかりの朴の若葉でせっせとおまんじゅうを包むのは宍戸みをさんとご主人の毅さん。みをさんのお母さんが20年前に始められたお店を、今ではふたりで守っています。朴の若葉が生い茂るこの時期は一年で一番忙しい時期。なんと1日に６００個以上、多い日には１０００個ものおまんじゅうを作り、包むのだとか。

朴の葉でおまんじゅうを包んだら、次は蒸籠で蒸す作業に入ります。蒸し時間は、葉の状態によっても変わるため、毅さんがその都度、蒸籠から漂ってくる香りで判断します。「早すぎると青臭い仕上がりになってしまうんです。甘い香りがしてきたら、それができあがった合図」。火からおろした朴葉巻きは、風通しのよいベランダの竹網の上で冷まします。

「さあ、お茶と一緒にどうぞ」。先ほど蒸しあがって冷ましていた中からひと房、みをさんが持ってきてくれました。朴の葉をほどいて、おまんじゅうをパクリ……。ふわっとしたあたたかい空気と一緒に、朴葉の香りが口いっぱいに立ちこめます。木曽の人にとって、この香りは「初夏の味」なのだそうです。

葉っぱの中はこんな具合。むっちりと食べごたえがあるのに、なぜかさっぱりした味わい。何個でも食べられそう。

朴の葉の香りがたちこめる作業場で黙々と手を動かすみをさんと毅さん。

作っておいたおまんじゅうを葉の上にのせ、

さっと包みます。

葉が小さかったり破れていたら２枚重ねて包みます。

最後、いぐさの紐できゅっと結んで

できあがり！　ひとつ、わずか10秒くらい！

１枚１枚ていねいに

すべて手作業で作られるひめやの朴葉巻き。山から朴の葉を採ってくるのは、みをさんのお父さんの仕事です。ひと枝に６～８枚、手のひらを広げたようについている葉は、１枚１枚、濡れ布きんでやさしく拭いて、茎からはずさずに房のまま使います。ひめやでは朴葉を冷凍保存しておき、６月から９月は生の葉を、その他の月は冷凍ものを使い、１年を通して朴葉巻きを作っています。こしあん、粒あんの他に、ちょっと珍しいゆずあんもあります。ちなみに、「ほお」には「ほう」の意味があり、大きな葉に食べ物を盛ったことから命名されたそうですよ。

次々と包みあがって、あっという間にかごがいっぱいに。

蒸籠もフル稼働。目の回る忙しさです。

ふかふかと湯気をたてる蒸しあがったばかりの朴葉巻き。甘い香りがします。

店先でまだほんのりと温かいおまんじゅうをいただきます。
１房に５個ついた姿もかわいいので、お土産にしても喜ばれそう。

木曾の郷土料理

王滝村

朴の木と並んでミズナラの木も多いという王滝村。昔から非常食や保存食としてどんぐりを蓄え、飢餓に備え大切にしてきた歴史があるそうです。

瀬戸美恵子さんと田中初子さんが切り盛りする「ひだみ」では、今でもどんぐりを使った料理や郷土料理を出しています。春から夏にかけては、山の王様と呼ばれる「しおで」や「おおやまぼくち」などの山菜。秋には千本しめじ、あみ茸などのきのこ、冬には保存した食材を使った料理が出されます。冬になると雪に閉ざされる王滝村ですが、その厳しい自然環境の中で採れる食材をフルに使って考え出された料理が味わえるのです。6月はなんといっても朴葉寿司。ふたつ折りにされた葉を開くと現れるのは、岩魚《いわな》やはちく、きゃらぶきの煮物などが盛り込まれた、端午の節句にちなんだメニューです。「岩魚は焼いてから煮るとくさみがなくなるんですよ」、「きゃらぶきは山でたくさん採れる時に煮ておくの」。なんて教えてくださりながらも、瀬戸さんの目は庭に生えていたうるいに……。「はい、これ。茹でて食べるとおいしいよ」。「ひだみ」の料理は、まさに山からのご馳走なのです。

王滝村の言葉で「どんぐり」という意味の「ひだみ」が店名になっているだけあって、お店ではどんぐりの粉と米粉を使って焼きあげる、もっちりとした食感のまんじゅうやパン、ドーナツ、それからどんぐりコーヒー（！）などもいただけます。秋に集めたどんぐりは、熱湯に通し、よく干してから殻をむき、アクを抜くために3日前後、途中何度も水を変えながら煮ていきます。さらに乾燥させた実を潰すとどんぐり粉が完成。こうして手間と時間をかけてできたどんぐり粉はドーナツやパンに使われたり、粉を煮出して濾《こ》すとどんぐりコーヒーになります。

近くの小学校では、「ひだみ」のどんぐりパンが給食に出されるとか。「王滝村のいにしえの食文化を今の子どもたちに知ってもらいたい。そんな風に思っているんですよ」。なんとも、ゼイタクな給食ですね。

目にも清々しい朴葉寿司。岩魚、はちく、きゃらぶき、いずれも山の恵み！

どんぐりの粉ともち米で作ったどんぐり餅を揚げだしで。

保存しておいたどんぐりと殻をむいたもの。

どんぐりこおひい。

ようやくできあがったどんぐり粉(右)。
焙煎したもの(左)。

6月。アカシアの花の蜜を目当てに、ミツバチたちがたくさんやってきます。

ハーブいろいろ

安曇野池田町

今から20年ほど前、町の特産を作るために「花とハーブの町づくり」の活動を始めたという池田町。当時、長野県内でハーブを栽培している市町村はまだなく、県内では一番に取り組んだのだと言います。そして今、県道51号沿いにある「池田町ハーブセンター」では、バジルやローズマリーといった定番のものから、シルバータイムやチェリーセージなどのあまり馴染みのないものまで、最盛期には２００種類以上のハーブを取り扱うほどに。

今回訪ねるのは、ハーブセンターから車で5分ほどのハーブ農家・内山高志さん、将吾さんのバジル畑です。料理上手の友人や白馬のオーベルジュのシェフなど、私のまわりの食いしん坊たちから、内山さんが作るハーブの噂を前々から聞いていて、いつかおじゃましてみたいと思っていたのでした。

「こっちはバジル、こっちの畑はセルフィーユ、それからあっちは……」、次々とハウスと畑を案内してくださる内山さん。町作りの取り組みとともにハーブの栽培を始めて、今年で16年目。約１ヘクタールの広大な土地いっぱいに、ハーブと野菜がすくすく育っています。いったい何種類くらいあるのでしょう? 伺うと、「それは分からないなあ。ハッハッハッー!」と、豪快な返事が返ってきました。

「ドライハーブや輸入物のハーブを使っていたシェフたちが、うちのハーブを使ってから、ハーブに対する意識が変わったって言うんだよ」。マメなシェフは、内山さんの畑を訪れてはその日に店で出す料理に使うハーブを仕入れて帰るのだとか。「ハーブはなんといっても、新鮮さが命だからね」。そんな内山さんが今、気に入っているのがラベンダー水。なんでも水２００ミリリットルに対してラベンダーの花を4、5本浸してひと晩おくと……ラベンダーの香りもさわやかな水になるのだとか! 二日酔いにはトマトのスライスに刻んだバジルと塩をふり、冷蔵庫で冷やしたものを食べるといいのだそうです。ハーブのある暮らしがとても自然に溶け込んでいるようです。

元気いっぱいに育っているバジル。香りが違います。

華奢な印象のセルフィーユですが、ここのものはとっても元気。
しゃきんとしているんです。

バジル

アップルミント

しその穂

セージ

スペアミント

バジルペースト

「これ、持って行きなよ！」 ひと抱えもある大きなバジルの束をお土産にいただきました。帰ってすぐ、葉がピンピンと元気なうちにバジルペーストを仕込みます。このペースト、パスタにからませたり、スープに少し混ぜたり、ポテトサラダに入れてもおいしいんです。多めにできたら瓶ごと冷凍して、使う時は自然解凍に。

バジルペーストの作り方

バジル …… 2束（ふたつかみ分）
にんにく …… ひとかけ
松の実 …… 50g
オリーブオイル …… 100ml
パルミジャーノ …… 50g

バジルの葉はよく洗い、キッチンタオルなどで丁寧に水気をとる。パルミジャーノは包丁で細かくしておく。
すべての材料をフードプロセッサーに入れ、なめらかになるまで撹拌する。
煮沸消毒した瓶に入れ、保存する。
常温で約１週間、冷凍する場合は半年ほどが目安。

ハーブセンターではお茶用のドライハーブも充実。
レモングラスやミントなど、
その日の気分でお茶をブレンド。

ミントはガラスのベースに飾って、さわやかな香りを楽しみます。

もぎたての夏野菜を食べる

安曇野池田町

ハーブ農家の内山さん、じつは体験農家もされています。でも農家を体験って、いったい何をするんでしょう？　「ハーブはもちろんだけど、うちの畑の野菜を収穫してもらうんだよ。好きなように収穫してもらっているから、過ごし方はその人によっていろいろだね」。豪快でおおらかな内山さんらしく、収穫体験といっても特にルールは決まってなく、たとえば、トマト5つにとうもろこし3本といった感じですぐに使う分だけ収穫して帰る人もいれば、畑の中に設けられた調理場で採ったばかりの野菜を料理して食べて帰る人もいたりするそうです。

ハーブに引き続き、野菜畑にも案内してもらうことに。畑はハーブのハウスをぐるり取り囲むようにしてあります。「ここのトマトは今が食べごろ、こっちのゴーヤもいいねえ。トマトは何種類も作っていて、きいろいのや、珍しいものではホワイト・トマトなんてのもあるんだよ」。内山さん、歩きながら次々と説明し、どんどん収穫していきます。なす、ゴーヤ、とうがらし……もぎたての元気な夏野菜の香りが、なんとも食欲をそそります。作業小屋の裏手には、みょうがまでありました。「野菜にも、それぞれの食べごろがあってね。朝はまだだったのが、夕方になるとおいしくなっていたりもする。それから自分の体調やその日の天気、いろんなものが合わさって、その時に食べたい野菜が決まるんだよね」。なるほど……二日酔いの冷やしトマトもそんな理由があってのことだったんですね。

さて、その日の晩ごはんは、内山さんのところでいただいた、赤やきいろ、グリーンの色鮮やかな夏野菜でラタトゥーユを作ることにしました。そのまま食べるのはもちろん、パスタのソースにしたりオムレツの上にかけたり……と、たくさん作っておくととても重宝する料理です。その他にも、バジルペーストのパスタ、トマトのサラダ、とテーブルの上は夏をぎゅぎゅっと凝縮したような、元気な味でいっぱい。夕暮れ時から、冷えた白ワインを開けて、少し早めの晩ごはん。7時すぎまで明るい信州の夏、こんな楽しみ方もいいものです。

夏野菜はその彩りもみごと！　ラタトゥーユは煮込みすぎないようにして。トマトはトマトでも味、香り、酸味もいろいろ。

野菜をきっかけに……

町作りにも積極的に関わっている内山さん。会合や、食事会の企画など大忙しの毎日を送っています。

ある日、「烏骨鶏のスープを食べる会」のお誘いを受けました。滋味深い烏骨鶏で取ったスープと、池田町で採れた野菜のサラダで小さな食事会を開くのだとか。ドレッシングは、もちろん池田町のハーブを使って。「タラゴンやイタリアンパセリ、にんにく、玉ねぎなんかを使ってね。おいしいからおいでよ」。なんだか楽しそう！　こんな風に、仕事が町作りにつながり、そしてご自身の生活までもが豊かになる……とてもいい循環だな、そんな風に思いました。

これが、ホワイト・トマト。

ずっしり重い、もぎたてのトマト。
ざくざく切って、
そのままいただきます。
太陽の味！

んーーー！

いつでもにこやか。一家の主の内山さん。
奥さまや息子さんご夫婦もハーブ作りを手伝っています。

両手いっぱいの野菜。今度からかご持参で来ることにします。

畑から作業小屋に向かう途中に見つけたみょうが。
「すきなだけ採ってっていいよ」と内山さん。
抜いたらすぐに、近くの水道できれいにします。

赤だけでなく、きいろ、
マーブル、オレンジ……
大きいもの小さいもの細
長いもの。トマトだけで
も、こんなにたくさん種
類があるんですね。

トマトの味

トマトはざくざく切って、塩をふってシンプルに食べることにしました。大きさいろいろ、色とりどり。きいろや緑は見た目ちょっと固そうだけれど、じつは今が食べごろなのだとか。これを料理と呼んでいいのかな？というほどのシンプルさですが、いろんな種類のトマトの味が微妙に混ざり合って、なんとも言えない味わいのサラダができました。「おいしい野菜は、シンプルに食べるのが一番」。畑で聞いた内山さんの言葉を身をもって知ったひと皿でした。

やたら

信州の夏の郷土料理。なす、きゅうり、とうがらしなどの夏野菜を細かく切ってしょうゆで味つけ。内山さんにならってゴーヤも入れてみました。野菜は好みのものならなんでも。そのままで、ごはんにかけて、カレーのつけ合わせにしても。

ラタトゥーユの作り方

玉ねぎ …… 小１個
なす …… ２本
ピーマン …… 赤、黄、グリーン各１個
トマト …… 大１個
プチトマト …… ５個
にんにく …… ひとかけ
オリーブオイル、塩 …… 各適宜

玉ねぎはみじん切り、なすは食べやすい大きさに切って水につけておく。
ピーマンは中の種を取り、これも食べやすい大きさに。
大きめのトマトは８等分に切り、プチトマトは半分に切る。
たっぷりのオリーブオイルを鍋に熱し、
潰して芯を取ったにんにくを入れ香りを出す。
玉ねぎを入れて炒め、ピーマン、なすの順に入れ、その都度よく炒める。
最後、トマトを入れ、弱火にして30〜40分ほどしたら、
塩をして火を止める。

トマトサラダの作り方

トマト、プチトマト …… 数種類を適宜
塩 …… 適宜

プチトマトは小さめはそのまま、
大きめのものは半分に切る。
他はすべて食べやすい大きさに切り、塩を少し強めにふる。
塩は、おいしいものをきちんと選んで。

ここは木曽馬の故郷、開田高原。
春に産まれたばかりの子馬がトコトコとお母さんのあとをくっついてまわります。

日差しが強い高原。
日中はとても暑いけれど、
一歩森に入ると
さわやかな風が通ります。

しっかりとした体格の木曽馬ですが、
性格は穏やかな子が多いそう。
草を持って近づくと
「もっと、ちょうだい！」とおねだり。

ブルーベリーを摘みに

開田高原

標高1150メートル、冬はマイナス20度にもなるという木曽の開田《かいだ》ファーム。6000坪の園内に、小粒だけれど味のいいノースランドや大粒のパトリオット、早生品種のアーリーブルーなど14種類、約2000本のブルーベリーが栽培され、夏の間はブルーベリー狩りを楽しむことができます。今日は夏休みとあって人がいっぱい……と思いきや、農園内はとても広いため、のんびりブルーベリー狩りを楽しむことができそう。娘も私も麦わら帽子をかぶり、長靴を履いて俄然やる気です。私たちがまず最初に訪れたのは森に囲まれた本園。自家製のブルーベリージャムやはちみつブルーベリーを売るかわいらしい木の小屋を通り過ぎると……目の前に広がるのはブルーベリーの木々。近づいて行くとあるある、たわわに実ったブルーベリーの実が！　さっそく採ってひと口ぱくり。うーん、甘酸っぱくってみずみずしい！　夢中になって食べていると、「ひと粒ずつ食べるのもいいけど、何種類かの実をいっぺんに頬張ると味が複雑になっておいしいよ」と、開田ファームの田中雅之さんが話しかけてくれました。

今から30年前にこの地にやってきた田中さん。以来、堆肥と有機質をふんだんに使い土地を開墾。おいしく、そしてだれもが安心して食べられるブルーベリーを育ててきたのだとか。寒暖差の激しいこの土地では、とても甘い実に育つのだそうです。摘みつつ食べつつ、さらに森の奥へ進むと、「あっ！　ママ、ここの木いっぱい実をつけてるよ」、娘のうれしそうな声が聞こえてきました。どれどれと行ってみると、本当だ、おいしそうな実がたくさんなってる！　自分が見つけたブルーベリーが甘かったり、大粒だったりするとなんだかうれしい気持ちになるよう。まわりで一緒に摘んでいたちびっ子たちも、「見て見て～」なんて得意気です。高原の太陽の下で実を摘む楽しさは一度味わったら忘れられないはず。心にも、そしてお腹にも。ね？

開田高原は冷涼なので、開園は7月中旬ごろから。

よく熟した実は、黒に近い紫色をしています。

「見て～」。娘が採ったブルーベリー、直径1.5センチはありそう。こんなに大きいの初めて見た！

「帰ったらジャムを作るから、たくさん摘んで帰ろうね」とは言うものの、摘むとつい口へ……。

おいしい実の目利き!?

不思議なことに同じ木でもこっちの枝はよく熟しているのに、反対側はまだまだ……なんてことも。日の当たり具合が違うからなのかな。摘み始めてしばらくすると、だんだんと、おいしそうな実の選び方が分かってきます。採っては「すっぱーい」を繰り返していた最初のころとは大違い。でもそんな失敗もまた楽しいものなのです。

森の中の本園は第１農場。第２農場は青空のもと、広々した空間でブルーベリー狩りを楽しむことができます。

しばし無言で摘む私たち。この並びの木、すっごくおいしい。第２農場にて。

これはバークレイという品種。大粒です。

びっくりするほど強い高原の日差し。ケヤキの木陰でひと休み。

「かごいっぱいに摘んだよ」

ブルーベリージャム作り

開田高原

「摘み終わったら、うちに寄ってジャムを作って帰れば?」と田中さん。農場の仕事を手伝う田中さんのお嬢さん・奈穂子さんがジャム作りを教えてくれるというのです。かごいっぱいに摘んだブルーベリーを持ってうかがうと、瓶や鍋を用意して待っていてくれました。キッチンには、手作りのくだものを漬けたシロップの瓶がずらり。「それはこの前作った、すぐりのシロップ」。よかったらどうぞ、と奈穂子さんが甘酸っぱくて冷たいジュースを作ってくれました。

よく使い込まれた鉄のフライパンや、使い勝手のよさそうな調理道具……奈穂子さんは料理がとても上手そう。それもそのはず、なんとフランス料理のシェフをしていた時期もあったとか。今でも年に一度、長い休みをとってフランスを中心としたヨーロッパへ、おいしいもの巡りの旅に出るのだそう。つい先日も帰って来たばかりなんですって。奈穂子さんに教えてもらうジャム、なんだかおいしくできそうな予感。「まず始めに、ボウルに水を張ってやさしく洗います。それから実についたヘタをひとつひとつ取って……」。すると娘が「やりたいっ!!」と立候補。みんなでやった方が早いからママも手伝うよ、と言っても自分でやると言って聞きません。私はすっかりふたりの様子を見学する役に……。

「お、やってるねー」。田中さんも様子を見に来てくれました。「ジャム作りは強めの火で、さっと作った方がおいしい」とおふたり。その理由は、ぐずぐず煮ていると砂糖くさくなってしまうから、とのこと。あんまり時間をかけて煮るとブルーベリー本来の味が逃げて砂糖の味が勝ってしまうと言うのです。ふーん、なるほど。このあたり、きっと作り方の重要なポイントなんだろうな……。

大きな鍋を用意して、いよいよ火にかける作業開始です。娘はちょっと緊張気味?

未熟な実、大きいの小さいの、さまざまな品種が混ざった方が、ジャムはおいしくなるそうです。最後に煮沸殺菌。長期保存も可能です。

実の選別

まずは、実を選別。
傷んでしまった実を
取り除いていきます。

洗う やさしくやさしく洗います。ヘタが残っていないかな？

大きいの、小さいの

「ジャム作りに使うブルーベリーは、未熟で酸っぱい実を入れた方が酸味が出ておいしいんですよ」と奈穂子さん。そういえば前にスーパーで買ったブルーベリーでジャムを作ったら、なんだかしまらない味がしたのは、それが原因だったんだ!? またひとつ、勉強になりました。完熟した実、未熟な実、大きいの、小さいの……さっき摘んだばかりの実が、どんなジャムになるんだろう？

砂糖

砂糖は実の分量のだいたい40パーセントくらい。
大きな鍋に砂糖を入れ、ざっとかき混ぜます。
この状態ですでに、おいしそう。

煮る

強めの弱火にかけて。
ブルーベリーの実から
らどんどん水分が出
てきます。

アク取り

「水分と一緒にアクも出るので、丁寧にすくってね」。「はい」。真剣です。

瓶詰め

「熱いので気をつけて」。
煮沸消毒した瓶に、そーっとそーっと
ジャムを入れます。

味見

アクを取り終え、あっという間に
とろりおいしそうなジャムができあがり。
「じゃあ、味見してみようか？」
この時間が一番楽しいね。

おいしー

あつあつのジャムを
器にたっぷり入れてもらいました。
フーフー言いながら
いただきます。

「612ファーム」の花豆のアーチ。花豆には真っ赤な花が咲く紫花豆と、白い花が咲く白花豆があるそうです。

たなかれいこさんの「612ファーム」にて

蓼科高原

食を通して生活の健やかなありかたを提案する、たなかれいこさん。東京・青山で自然食を中心とした「食のギャラリー612」を主宰されています。じつは私、「612食べ物教室」の料理の評判を、仕事仲間や食いしん坊の友だちから聞いていました。「れいこさんの料理は、おいしくてやさしい味。体がのびのびと元気になるんだよ」と、だれもが幸せそうな表情でそう話すのです。「おいしい」、その言葉に弱い私は、いつかたなかさんの作った料理を食べてみたいな、そんな風に思っていたのでした。

料理レッスン「食べ物教室」では、蓼科高原にあるたなかさんの畑、612ファームで採れた野菜を使うのだそう。その他に年数回、畑で収穫したばかりの野菜を料理して食べる「畑の教室」も開催されるとか。蓼科の短い夏が終わりに近づいてきたある日、畑の教室を体験させていただくことになりました。

虫が自由に飛び交い、雑草と野菜の区別がすぐにはつかないたなかさんの畑は、のびやかで大らかな空気が漂っています。標高1000メートル。ここの気候と風土が気に入り、畑を持って10年。東京から通いで野菜を育てているので、放っておける方法を模索した結果、「耕さず」「肥料もやらず」「もちろん農薬は使わない」という結果に行き着いたのだとか。

さっそく畑を案内していただきながら収穫のお手伝い。「いんげんは触って柔らかいものを採ってね」、「花豆は、さやごと炭火で炙るとおいしいのよ」、「今年はトマトがだめねえ。この畑のトマトで作ったパスタ、すっごくおいしいのよ」。畑で手を動かしながら、たなかさんの話に耳を傾けているうちに、だんだんとお腹が空いてきました。畑の反対側ではたなかさんのパートナー、ひさしさんが炭火の準備をしてくれています。収穫したばかりの野菜で、どんな料理ができあがるんだろう？

春は遅く、秋は早い蓼科。「お盆をすぎると空気が変わるのよ。トンボも増えるし」。たなかさんにならい、収穫をお手伝い。

「ここは紅花いんげんで、その奥にしそやトマト、向こうがとうがらし……」。最初に、畑をぐるり一周案内していただきました。

昔は苦手だったクモの巣も、今や大切な仲間。

不耕起、無肥料、無農薬

近隣では最も標高の高い畑となる612ファームは、サウス・サイドとノース・サイド合わせて450坪ほどの広さ。ノース・サイドは花畑だったため、今は農薬を抜くために放っておいているのだそうです。

悪さをする虫以外は無駄な殺生はせず、害虫を食べてくれるクモとクモの巣は大切にしているのだとか。農業では敵視されがちな虫も自然の一部と考え、とても上手につき合っていらっしゃるんだな、そんな印象を受けました。

「この畑が、植物や動物、昆虫、自然の循環のこと……あらゆることを教えてくれる」と、たなかさん。毎年、変わっていく畑の様子を見るのがとても楽しいのだそうですよ。

たまに、おとうさんやおかあさんからきゅうりをもらって大満足のラブラドールレトリバーのみかん。毛並みが艶やかなのはおいしいものを食べているせい？

ここはとうもろこし畑。

こっちはトマト。

花豆として知られる、紅花いんげんを収穫。

紫ピーマン

黄色のズッキーニ

かぼちゃ

バナナピーマン

紅花いんげん

雑草も抜かず、微生物や虫の働きで土を循環させているそうです。

立派なきゅうりも収穫。

採れたてきゅうり。
「まずは、このまま食べてみて」。
うーん、みずみずしくておいしい！

畑の北側に見えるのが、霧ヶ峰の最高峰、車山。

たなかれいこさんの畑で外ごはん

蓼科高原

畑の作業がひと段落したら、次は料理です。たなかさんはソーダブレッドを焼く準備。材料を混ぜてダッチオーブンに入れて40分ほど焼いたらできあがりです。今日のメインは鮭の炭火焼き。東京から仕入れた天然ものの立派な鮭のお腹に塩をして、タイムを詰めて炭火で焼きます。ひさしさんは、この準備をしていたんですね。じわじわ、ジュージュー。鮭の香りがあたりいっぱいに漂ってきました。その間に私たちはせっせと野菜を調理。「きゅうりを薄くスライスして」、「こっちの野菜もおねがい」。たなかさんに教わりながらサラダ作りのお手伝いをします。きゅうりと玉ねぎ、バナナピーマンのサラダは塩をふって。トマト、しその葉、きゅうり、青とうがらしは大きめに切ってオリーブオイルと塩で和えます。

さっきまで土とつながっていた野菜があっという間にサラダになり、そして私たちのお腹へ入っていく……そういえば、私たち人間は自然の恵みを分け与えてもらって生きているんだよなぁ……畑の上で体を動かし料理をするうちに、そんな当たり前だけれど、ふだん忘れがちなことを感じていたのでした。「ねばならない」ことが多いと思いがちな自然食。でもここではそんな心配は無用です。ご自身が、「根がぐうたらで、快楽主義」というたなかさん。おいしいものが食べたいと思った結果が、今の食のスタイル、そして畑作りにつながったのだそう。「畑仕事に疲れたら土の上にごろんと横になるの。お腹が空いたら食べて、ワインを飲んで……」。うん、うん。これなら楽しめる。しかも、いくら食べても太らないという、うれしいおまけつきなんですって。

しばらくすると「焼けたよ〜」の声とともにテーブルの上に花豆の炭火焼きが運ばれてきました。少し焦げ目がついた花豆のさやをあちちなんて言いながらむいて、取り出した豆をぱくり。ほっこり火の通った花豆のおいしいことといったら！　パンも鮭も焼きあがって、ごはんの準備が整ってきました。さっきからみかんちゃん、テーブルの上が気になって仕方がない様子です。だって、おいしそうな匂いでいっぱいだものね。

紫花豆の若いさや。この時期の豆はまだ柔らかいので、さやごと焼いていただきました。立派な鮭。お日さまを浴びて、キラリッ。

ぴり辛サラダ

大きめに切ったトマトやきゅうりを、オリーブオイルと塩で和えて。青とうがらしがぴりりと効いた夏らしい味わいのサラダです。

しそは細く切って。

ぷりぷりと健康そうなトマト。

ひと皿の上で何通りにも

ソーダブレッド、紅鮭炭火焼き、蒸しいんげんヨーグルトソース、いんげんのソテー、きゅうりの塩サラダ、ぴり辛サラダ、雑穀ごはん、ずらり並んだ今日のランチ。畑仕事で体を動かしたからお腹がぺこぺこ、時々飲んだワインのおかげで（？）食べる気満々の私です。「我先に！　がここでのルール。遠慮しないでね」とたなかさん。ひと皿にいろいろ盛り合わせていただきます。単品で食べてもいいし、何種類か混ぜながら食べてもおいしい。ひと皿の上で何通りもの味が楽しめるのです。

「習ったまま、聞いたままより、自分の味と感覚を大事にしてね」。からりと晴れた青空の下、おいしいごはんをいただきながら、畑で日がな一日すごす。「料理教室に来た」というより、たなかさんの食べ物、それから生き方の哲学を学んだような、そんな気分になりました。

ソーダブレッド

強力粉、中力粉、豆乳、ベーキングパウダー、重曹をさっくりと混ぜ合わせて焼く、ソーダブレッド。たなかさんは時おり、鼻をクンクンさせて焼き加減を確かめていました。何度のオーブンで何分……そんなマニュアル通りにはいかない外での料理作り。キャンプのようで楽しくもあり、動物としての感覚がとても必要とされる時でもあります。

粉を混ぜて型に入れ、ふたをして……、

うまく焼けてるかな？

ころり、かわいく焼けました。

使ったタイムは
この2倍ほど！

紅鮭炭火焼き

「タイムを摘んできて！」「ええっ、どれくらいですか？」「抱えるほどよ」とたなかさん。火の番はひさしさんが担当です。

網の上にタイムを敷いて鮭をおき、
その上からまたタイムをたっぷりのせます。

焼けてきたかな～？

焼きあがりました！

とうもろこしの炭火焼き

皮ごと網にのせ、蒸し焼きに。
少し焦がしたくらいがおいしい。

きゅうりの塩サラダ

味つけはなんと塩だけ！　のきゅうりとバナナピーマン、玉ねぎのサラダ。「ここで採れた野菜とおいしい塩さえあれば、充分なのよ」なるほど。

いんげんのソテー

色が悪くなるまで火を通すと旨みが増すいんげん。オリーブオイルとおかかとしょうゆがくたくたに柔らかくなったいんげんにからまってものすごくおいしい。

できあがった料理をひとつのお皿に盛って。みかんちゃんはお皿の上が気になる様子ですが絶対に手（足？）を出さない、いいこさんです。

焼きたてのソーダブレッドに、おいしいクリームチーズをたっぷりつけていただきます。使う素材はすべて厳選されたオーガニックのもののみ。

何度も鮭をおかわりします。

サラダやクリームチーズと一緒に。しょうゆを少したらして……それぞれ味わいが変わる鮭に夢中。

じつはクリームチーズが
苦手だった私。
でもここでいただいたのは絶品。
どこのか聞いて帰らないと！

ルバーブ入りカレーとささげのソテーおかか和え

松本

「612ファーム」で、つやつや健康そうに育った葉っぱを見つけました。なんだろう？と思って見ていると、「あ、それね、ルバーブ。カレーに入れるとおいしいのよ」とたなかれいこさん。ルバーブの程よい酸味がカレーの味に深みを出すのだとか。夏になると市場でよく見かけるルバーブですが、タルトやジャム以外にもこんな使い方があったのですね。

翌日、さっそくルバーブ入りカレーを作ってみることにしました。にんにく、しょうが、玉ねぎをよーく炒めて、スパイスと鶏肉とトマトを加えてまた炒め……いつもと同じ手順で作っていきます。それから、5センチの長さに切ったルバーブと水を入れてコトコト。塩で味をととのえて、さてさて、お味はどうでしょう……？　ほんとうだ！　ぴりっとしたスパイスの味と酸味が程よく合わさって、それはおいしいカレーができあがったのでした。つけ合わせに、バナナピーマンや青とうがらし、みょうがを細かく切ってしょうゆで味つけした信州の郷土料理「やたら」と、ささげのソテーも作ります。ささげは、たなかさんの畑でいただいたいんげんのソテーにならい、くたくたになるまでオリーブオイルで炒めて、おかかとしょうゆで味つけ。土鍋のごはんが炊けたら、お皿にそれぞれが好きなものを好きなだけ盛りつけていただきます。まずはカレーとごはん、次はごはんとささげのソテーとやたら、最後は全部一緒に口の中へ……いろんな味わいを発見できるこの食べ方、なんだかやみつきになりそう。

こんな風にワンプレートにしたり、採れたての野菜を塩だけで食べたり、炭火でお豆をあぶったり……畑ですごした一日で影響を受けたことは数知れず。最近では「通いで畑ができるのならば、私も始めようかなぁ」とまで思っている私。いつの日か、自分で作った野菜を畑で料理して……そんな日がくるといいなあ、すてきだなあ。

カレーもごはんもお鍋ごとテーブルに。好きなように、好きなだけ！

いろいろ盛り合わせた、見た目にも楽しいひと皿。

ルバーブ入りカレー

ルバーブは、たくさん入れすぎるとすっぱくなるから要注意。1、2本を隠し味程度に入れた方がいいようです。とはいえ、市場では5本とか10本単位で売られていることも。
私は水煮にして1回分ずつ小分けして冷凍しています。これで夏の間中、ルバーブ入りのカレーが食べられるというわけ。

ささげのソテー　おかか和え

歯ごたえが残るくらいに茹でて、胡麻和えにすることの多かったささげ。今ではオリーブオイルでソテーするのがお決まりになりました。作りたても、少し冷めてからも、翌日の味が馴染んだころもおいしい。

採れたての高原レタスはゆで卵とアンチョビをのせてオリーブオイルをかけて。

小布施の栗と「松仙堂」の栗ペースト

小布施

焼きたて熱々の厚切りトーストにバターを塗って、その上にたっぷり栗ペーストを塗ります。ひと口頬張ると、栗の香りがプンと口の中いっぱいに立ちこめて、そのあとやさしい甘みが広がるんです……コーヒーと一緒にいただくと、それは幸せな朝ごはんに。食べるたびに思うんです。ああ、「松仙堂」のペーストに出会えてよかったなって。

はじめて訪れたのは2年前の秋。小布施《おぶせ》に来たのならば、おいしい栗菓子を買って帰りたい。どこがいいでしょう？　と小布施ワイナリーの曽我彰彦さんや信州堂の小林修さんたちに尋ねたら、みなさん間髪を入れずに、「だったら『松仙堂』さんでしょう」と言われたのです。

住所を頼りに車を走らせ、気がつけば栗林の中。栗菓子屋さんで賑わう小布施の中心からはずいぶん離れた場所です。こんなところにお店があるの？　心配になりながら、進んでいくと……ありました！　栗の木に囲まれてひっそり佇む栗菓子屋さん、「松仙堂」が！　ちょうど栗のシーズンとあって、茹でた栗の実を取りだし、少しの砂糖を加えて茶巾でしぼった空蝉《うつせみ》というお菓子と、純栗あんの最中を手に入れることができました。それからもちろん、純栗ペーストも。家に帰って娘と一緒に食べていると、「栗っ！　っていう味だね、ママ」とひと言。制限されなかったらいくつでも食べていたいよ、そんなことも言っていました。もちろん私も同じ気持ちになったことは言うまでもありません。

小布施栗にこだわり、自園栽培し、製品まで一貫して自分たちで手掛ける。大量生産にない、質のよい栗菓子作りに専念している「松仙堂」。木から落ちた完熟の栗だけを使って生み出される栗菓子の数々は一度食べたら忘れられない味わいです。お店の周辺の栗林はご主人の船田さん曰く、「小布施の中でも一番いい栗が採れる」ところ。最盛期は毎日朝夕に栗拾いに出かけるとか。息子さんにお願いして栗拾いに連れて行ってもらうことになりました。

はちきれんばかりのイガ。収穫はもうすぐです。

見て！　この艶やかな実を。これからご主人の手によってどんな栗菓子が生まれるんでしょう。

栗に最適な大地

今から700年ほど前の室町時代初期、丹波から移植されたのが小布施栗の始まりと言われています。近くを流れる松川の治水のために植えられたとも言われる栗の木ですが、日当たりや排水のよさ、酸性の土壌など小布施には栗を栽培するのに適した条件が揃っていたため、名声を得られたそうです。

手のひらに収まりきらないほどのイガ、その中に収まった栗の実の見事さ。その姿を目の当たりにすると、小布施の栗がなぜ私たちを惹きつけるかが理解できるような気がします。落ち葉の中で栗拾い……頭の中で思い込んでいたイメージとは違い、収穫は暑さが残る9月の頭。なんでも早生品種は8月末頃から収穫が始まるとか！　9月下旬は中生種、10月は晩生種……と約2カ月、ほぼ毎日、栗畑に向かい、栗拾いをするのだそうですよ。

船田さんにコツを教えてもらいながらの栗拾い。
みどり色のイガの中からひょっこり栗が顔を出しています。

かの俳人・小林一茶が「拾われぬ栗の見事よ大きさよ」と詠んだという小布施栗。堂々とした風格！

気持ちのいい栗林の中の小径。
町作りの一環で、このあたりは散歩コースになる予定なのだそう。

植えてまだ3年のちびっこ栗の木。
でもちゃんと実をつけてます。

純栗ペーストと空蟬。
ペーストは通年、空蟬は期間限定のもの。
この機会に秋の小布施を訪ねてみては？

青空に向かってのびのび育つ栗の木。これから晩秋にかけて日々、畑の景色が変わっていくそう。

「ヘルシーミート大鹿」の鹿肉でステーキ！

大鹿村

「食欲の秋」とはよく言ったもので、秋の気配が近づくと食べたくなるのが、肉料理。それもかたまり肉がごろごろ入ったシチューや、しっかりと歯ごたえのあるステーキです。大鹿村の鹿肉は、そんな私の秋の食欲を大満足させてくれるもの。いつも電話で「ステーキ用をふたり分」とか「今日はタタキをおねがいします」などと注文し、送ってもらうことにしています。

人よりも鹿の数の方が多いという大鹿村。その数は4千とも5千とも言われます！　鹿は昔からここで暮らす人たちの貴重な食料ではありましたが、天敵の狼や山犬がいなくなったことや、温暖化の影響で越冬しやすくなったことなどから鹿の数が急増。農作物や高山植物への被害が深刻になるなど、社会問題にまでなってしまったのだそう。そこで、鹿肉を食材として有効利用するために２００３年に創立されたのが「ヘルシーミート大鹿」。鹿肉と猪、いわゆるジビエの加工直売所です。ここでは猟師がしとめた鹿肉を買い取り、食肉に加工。信州内のレストランやホテルに卸しています。

「加工で一番気をつけているのは鮮度。そして清潔であること」と言うのは「ヘルシーミート大鹿」の蛯澤義昭さん。仕留めた鹿は素早く解体し、真空パックにつめて冷蔵庫でひと晩熟成させます。翌日、肉の質によってタタキ用、焼き肉用、ミンチなどに仕分けていくそう。こうした素早い処置のおかげで、臭みもまったくなく、かつ野性的な鹿肉が楽しめる、というわけ。しかも、刺身やしぐれ煮くらいしか調理法がなかった鹿肉ですが、最近では「ジビエ研究会」なるものができ、村をあげて鹿肉の普及に努力しているのだとか。

さて、私が一番好きな食べ方は、にんにくと塩とこしょうで焼くステーキにじゃがいものフリットを添えたもの。シンプルながら、「肉を食べてますぜ」という充足感いっぱいにさせてくれるメニューです。飲み物はもちろん赤ワイン。バゲットを添えれば完璧です。

鹿肉のステーキはジューシーで赤身の旨みいっぱい。まったく臭みがありません。

驚くほどきれいですっきりした加工所。

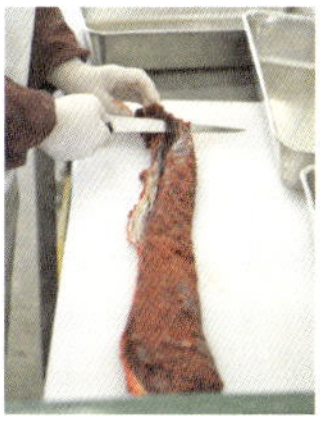

これはタタキ用かな。

てきぱきと解体していく蛯澤さん。

ステーキ用などのブロック肉だけでなく、たれで味つけされた焼き肉用やタタキなどもあります。

つねに消毒を心がけているという包丁。切れ味抜群です。

これを真空パックに入れて……。

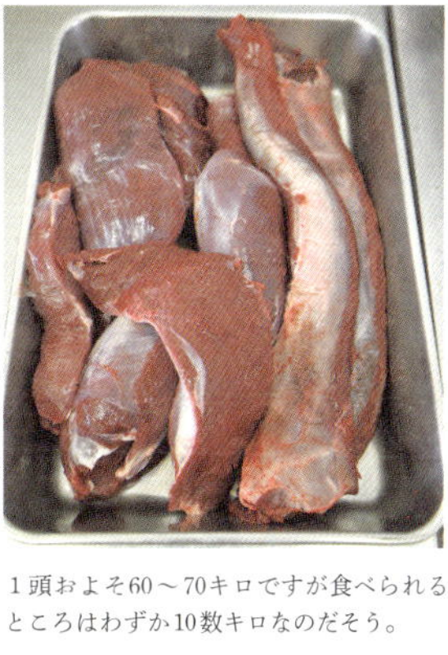

１頭およそ60～70キロですが食べられるところはわずか10数キロなのだそう。

諏訪散歩のあとは かりんのパテを作る

諏訪

諏訪《すわ》盆地のまん中に位置する諏訪湖。湖畔にはマルメロの並木が続き、10月になると黄色の実が熟して、あたり一帯いい香りでいっぱいになります。その昔、江戸からこの地に伝えられた時に「かりん」と誤り呼ばれ、そのままかりんの名で親しまれるようになったという言い伝えが残るこの木、諏訪市の市木にもなっているのだとか。諏訪の人たちにとって、とても馴染み深いものなのですね。毎年10月には、収穫を祝う「かりん祭」も行われ、生のかりんはもちろん、かりんシロップなどの加工品が町のあちこちで売られ、かりんづくしの一日になるそうです。

信州の家庭では、シロップ漬けや砂糖漬けなど、お茶請けとして作られることが多いかりんですが、「いい香りだから、たんすにひとつ入れておくのよ」そんな話も聞きました。私の場合、かりんと聞いてすぐに頭に思い浮かんだのが、フランスのチーズ屋さんで見かける琥珀色したパテです。かりん独特の香りと、やさしい甘みがチーズにぴったり……おいしかったなあ。あれが家で食べられたらすてきだな……さっそく作ってみることにしました。皮をむいた実をグラニュー糖と合わせ、煮詰めること十数分！　オーブンシートの上に広げて冷ましたら、できあがり……のはずですが、冷めたら、コチコチの飴のようなものに。どうやら、煮詰めすぎのようなのです。

気を取り直してもう一度。今度は水を足して煮てみます。途中、少し心配なので、少しだけ取り出して、一度冷ましてかたまり具合を見ることに。うんうん、今度は大丈夫そう！　あつあつのかりんをオーブンシートに広げて、棒状にしてから冷蔵庫へ。結果は……大成功！　その日の夜、チーズと一緒に少しずつ切り分けていただきました。もちろん赤ワインも一緒です。秋の夜長のお酒の友のレシピがまたひとつ増えました。

たわわに実った諏訪湖畔のかりん。部屋に数個置いておくだけでいい香りに包まれます。

だんだんと煮くずれてきました。あと数分でできあがり？

洗う

まわりについた綿毛をきれいに洗って取り除く。

切る

りんごと同じ要領で4等分にし、芯を取って皮をむき、それから適当な大きさに切って水にさらします。ひと口分くらいが目安。

砂糖

鍋に切ったかりんと水、グラニュー糖を入れ、強火にかけます。

かりんのパテ作り

材料は、かりん5個（約1.5kg）に水600ml、砂糖800gだけ。

皮と芯を取り除いて小さく切り、水にさらしてから、強めの火でたえずかき混ぜながら煮詰めるだけ。少し早めに火からあげると、ジャムに。娘はパテを1センチくらいに切って、まわりにグラニュー糖をまぶしてパート・ド・フリュイのようにして食べるのが大好きです。すぐに食べるなら冷蔵庫に、保存するならラップで包んで冷凍庫へ。

できあがり。冷蔵庫で２週間。冷凍するなら、ラップに変えて。

煮る

少しするとぐつぐついってきますが、ひるまずに。強火でがっと煮て、かりんの味を閉じ込めるのです。

ほら、いいかんじになってきた。「どれくらいまで煮詰めればいい？」。心配になったら、いったん火を止めてお皿などに薄く伸ばしてかたまり具合を確認。

包む

熱いうちに、オーブンシートを広げた上に少しずつのせていきます。

①だいたい大きなおたま１杯分。

②シートを半分に折り、端を合わせてから少し折り込み、

③さらに数回、横からはみ出さないよう注意しながら折っていき、

④そのまま最後は横をキャンディー包み。少し固まってきたら、その上から形を整えます。

NAGANO OBUSE
père et fils

チーズとかりんのパテとワイン！　パテはスライスして、チーズと一緒にパンにのせて、ぱくり。

ビオロジック栽培へと切り替えた「信州堂」のりんご畑

小布施

4年前に「農業家」として立ち上がった「信州堂」は、小林修さん、前角優さん、小田切徹男さんを中心に活動しています。高齢や後継者がいない等の理由から放置されていた畑を請け負い、荒れた畑を土から作り直し、自分たちの栽培方法で野菜や果樹を育てているのです。でも、それまで農業とは無縁の仕事をしていた3人が、なぜ農業を始めたのでしょう？「きっかけは、家庭菜園で育てたアスパラでした。採りたてのおいしさを多くの方に味わってもらいたい、旬とは何かを考えてもらいたいと思ったのです」と小林さん。また、地元の農家が疲れきっていることを間近に感じ、このままでは農業がだめになってしまうという危機感も抱いていたそうです。そこで小林さんは学生時代の友人に声をかけ、荒れた農地をなんとかできないものかと相談したと言います。信州の農産物のポテンシャルの高さを知ってもらいたいとも思っていたとか。こうしたさまざまな思いが結びつき、「信州堂」としての活動が始まったのでした。まずは小さな桃畑から。さらにりんご、あんず、アスパラ、小布施丸なすと扱う品種も増えました。2008年からはりんご畑でビオロジック（無化学農薬栽培）への取り組みも開始。化学農薬を使わずにりんごを育てることはほぼ不可能と言われていますが……？　「ある程度の覚悟はできてます。あまり草もむしらず化学農薬もやらず、ほぼ放任栽培にして様子を見ようと思っています」。頼もしい言葉が返ってきました。

さて、2年目を迎えたビオりんご畑ではどんなりんごがなっているのでしょうか。「初めて自分たちの畑で採れたビオりんごを食べた時は衝撃でした。べたべたした甘さがなく、すーっとのどを通っていく。そんなりんごだったんです」。収穫高は激減し、値段は通常の3倍ほど、さらに見た目の悪さも手伝って、信州ではいくら栽培方法を説明してもなかなか理解してもらえないそう。最近では、東京で開かれるマルシェや信州内のイベントに出店し、ビオりんごのおいしさを少しでも多くの人に理解してもらえるよう努めているそうです。これからどんな風に変わっていくのか興味の尽きない「信州堂」の活動です。

ビオりんご、初めての収穫。茶色の斑点が出たりと見た目は悪いのですが……。

ビオロジックに取り組む前の畑。
たわわになっています。

覚悟を決めて、放置した翌年。「まずはやってみないと。せっかく意志を持って始めたんだから、ある程度のリスクは背負うつもりです」と小林さん。

りんご、りんご、りんご

松本

松本の町中から10分ほど車を走らせると、りんご畑が広がる丘に出ます。芽吹きの時期には柔らかな葉をつけ、ゴールデンウィークをすぎた頃、まっ白な花が畑一面に咲きます。7月に入ると、実を大きく育てるために小さなりんごを間引く「摘果《てっか》」という作業が行われ、その後、夏の太陽をさんさんと浴びたりんごは、日を追うごとに成長します。りんごの実が赤く大きく色づきはじめると秋。いよいよ収穫の季節です。

　収穫されたりんごは、すぐに市場やスーパーに並びますが、我が家では毎年、りんごの畑を持つ知人からどんと大きな箱が送られてくるので、買うことはほとんどありません。いずれにしても、信州の人たちにとって、冬の台所にりんごの箱があるのはふつうの光景のよう。おじゃました先で、お茶請け代わりにむいたりんごが出てきたり、「これ、持って行きなさい」などと、お土産に渡されたり。「いえ、うちにもたくさんありますから……」とも言えず、ずっしり重いりんごの袋を抱えながら、「どうしたものか……」と途方に暮れながら帰ったこともありました。

　赤ワインとスパイスで煮てコンポートにしたり、豚肉と煮込んだりと、りんごを使った料理を考え出すようになったのも、信州に住みはじめてからのことです。最近の気に入りは、りんご酢。大きめの瓶に適当な大きさに切ったりんごと酢、氷砂糖を入れて漬け込むだけの、手軽なシロップです。これを炭酸で割ると、とてもさわやかな飲み物になるのです。分量などはいい加減で、酢がきついなと思ったら氷砂糖を足し、ちょっと甘いなと思ったら酢を入れ……という具合。りんごの皮や芯、少しぼけた味のりんご、実の少ない姫りんごも、この瓶の中に入れて漬け込んでしまいます。

　というわけで、最近ではたくさんあって困る……なんてことにはなっていません。生で食べるのはもちろん、漬け込んだり、ソテーしたり、焼いたり……と、いろいろ応用させながら、信州の冬の味を楽しむようになりました。

りんご酢に使う酢はきちんと酸っぱいものを使って。
まろやかな酸味のものだと、ぼやけた味になってしまいます。
氷砂糖を入れないと、りんごの香りもさわやかなりんご酢に。
ドレッシングに加えるとりんご風味のサラダになります。

姫りんごはこんな風にグラスに入れるとかわいい。でもりんご酢用に漬け込んだりんごはあまりおいしくないので、あくまでも飾り、です。

おやつによく作るのは
りんごのソテー・バニラアイスクリーム添え。
フライパンにバターを熱し、
くし形に切ったりんごをソテーする。
軽く焼き色がついたら、砂糖をふって煮詰める。
バニラアイスクリームの上にのせ、
あつあつのうちに食べる。

「小布施ワイナリー」と無化学農薬栽培のぶどう畑

小布施

今から約70年も前から、この地でワイン作りを続けている「小布施ワイナリー」。おじいさまやお父さまが築き上げた歴史を受け継ぎ、支えているのが現在4代目の栽培醸造責任者、曽我彰彦さんです。今日は、曽我さんが力を入れて育てているビオロジック（無化学農薬栽培）の畑「ムラサキ農場」を案内していただく予定です。

朝一番にワイナリーに到着すると、長靴姿の曽我さんが笑顔で出迎えてくれました。「ぶどうの収穫はもう終わっているので、畑にはぶどうがないのですが……」。りんごや栗の畑を抜け、細い道を進むと、あたり一帯ぶどう畑が広がっています。そんな中、ひときわ目立つのがヨーロッパ式の垣根栽培のぶどう畑。ここではピノ・ノワール、カベルネソーヴィニヨンなどの欧州ぶどうが栽培されています。「ごらんの通り、今あるのは鳥たちのために残しておいた、ほんのわずかなぶどうだけなんですよ」

曽我さんがビオロジックに目覚めたのは、今から5年ほど前のこと。雹《ひょう》の被害に遭ったことがきっかけでした。壊滅的にやられてしまった畑を見て、「もうだめだ、諦めるしかない」と、打ちひしがれた曽我さんでしたが、やがてぶどうはたくましく成長していったのだそう。「その時、思ったんです。化学農薬や化学肥料に頼らないでも、ぶどうはちゃんと育つ。これからは自然の力を活かしてぶどうを育てていこう」って。ネズミに根を食べられたり、ミノムシや雹などの被害に遭いながらも、それを受けとめ、やがてビオロジックの畑作りへと没入していくようになりました。２００９年秋からは、日本農林規格の有機栽培認証の取得にも着手しています。

「醸造は、ワイン作りのための必要なファクターだけれど、その前の栽培における自分たちの考えこそがとても大事なんです」。ワインの醸造の前にぶどう作り、ぶどう作りの前に土地作り、そして土地を取り巻く環境……その想いは広く深く、尽きることはないようです。

ほとんど収穫が終わった晩秋の畑。真っ赤な葉が印象的。地下のカーブにはぶどうの品種が書かれた樽がずらりと並んでいます。

とても手間がかかるので大量に作るのは難しいという、スパークリングワイン「スパーク ドゥミ セック E1」。

ここは地下のワイン蔵。1年を通して温度が一定なのだそう。

私もいくつか試飲。今日、手に入れたのはル・ヴァン・ナチュレル。

どこからともなく人がやってきては、うれしそうに試飲する姿が見られます。

スタッフがひとつひとつ手でかぶせた蝋紙。なんと2カ月も費やす作業なのだとか！

少しずつ拡大中

「今後の夢は自社農場100パーセントのワイナリーにすること！」という曽我さん。スタッフとともに畑を耕し、毎年少しずつ畑を広げていっています。また、「自分たちがどんなワインを作っているかを知ってもらうためには、まず味わってもらうこと。そして畑を実際に見ていただくことが近道」とも。

小布施ワイナリーではワイナリーの見学ツアーを企画したり、店内で試飲ができたりも。築100年以上というワイン蔵を改装したお店は、まるでブルゴーニュの小さなワイナリーのよう。ここでしか手に入らない希少なワインも並んでいます。

翌年の夏にもお邪魔したら、収穫が始まっていました。メルロ、カベルネフランなどのほかに、イタリアのバルベーラなど、珍しい品種も試しているそうです。

完熟りんごで作るシードル

安曇野池田町

そば粉のガレットと相性抜群のりんごのお酒、シードル。フランスのノルマンディやブルターニュ地方出身のお酒ですが、信州でもいくつかこのシードルを作っている醸造所があります。中でも私のお気に入りなのが、福源酒造の「ルルベル・シードル」。洗練された赤いエチケットに惹かれて飲んでみたのですが、きりりと辛い中にもりんごの風味がほのかに漂う味わいにすっかりとりこに。でも、どうして日本酒の造り酒屋なのにシードルを作り始めたのでしょう？　りんごの収穫が終わり、いよいよ仕込み……という、冷え込んだ冬のある日、福源酒造を見学させていただくことになりました。

「ギフト用として売られるりんごはサイズの揃ったものが厳選され、それ以外のものはジュースに加工されますが、加工賃の方が高くついてしまう……収穫までの労力の割にとても安く売られているのが現実なんです」。そう話すのは、福源酒造・18代目蔵元の平林聖子さんです。このあたりのりんご農家さんの苦労を目の当たりにし、なんとかこれらの完熟りんごを使っておいしいものができないかと2002年の秋、シードル作りに挑戦することに……。りんごを粉砕し、濾《こ》して大きなタンクへ移し、酵母を加えてアルコール発酵させ、濾過して瓶に詰める。ここでは、メトード・リュラル（田舎方式）と言われる自然発酵を行う製造方法を取り入れています。作業は、一部に機械の手は借りるものの、ほぼ手作りといっても間違いはありません。「原料となるりんごは製造するその時期に手に入るものを使うんですよ。だからシーズン始めのロットと終わりのロットでは味わいも違います」。あくまでもこの地で採れる、旬のものであることにこだわったシードル作り。目指したのは、ジュースのような甘さを残したものではなく、食事にも合うドライなものでした。安曇野のりんご農家さんから福源酒造へ……、1本のシードルが私の食卓に上がるまでには、大切に育む何人もの手がかかっているのです。

農家から届けられた完熟りんご。ひとケース約500キロ、1年に5.5トン分のりんごを仕込みます！

巨大タンクの中は、たっぷりのりんごジュース！

タンクの中のりんごジュース。酵母を入れて発酵中です。
その後、瓶詰めへ……。

洗ったばかり。まんまる、つやつやのりんご。このあと、機械に通し粉砕されます。

粉砕されたばかりのりんご。
さわやかな香りが漂います。

これは、粉砕する機械。あっという間にりんごはこなごなに。

粉砕したりんごは、この袋に入れて濾します。

冬のはじまり、夕暮れ時はこんな幻想的な景色になります。

「日本料理 温石」の冬支度と冬の味覚

松本

遠くに見える北アルプスに雪がかぶってきたら、冬が近づいてきたしるし。本格的な寒さがやってくる前のこの時期、信州の人たちは野菜を漬けたり干したりと冬支度に大忙し。こうしてできた保存食は、長くて寒い冬の間の食卓をにぎわせてくれるのです。

とはいっても、旬の野菜は他の季節にくらべるとぐっと少なくなってしまいます。「信州の冬は素材探しに本当に苦労するんです」。そう話してくれたのは松本にある「日本料理 温《おん》石《じゃく》」の須藤剛《たけし》さん。干した大根の葉や信州の伝統野菜のひとつ、松本一本ねぎを使った「温石」の冬の料理はとても印象的。素材不足とは思えない充実感です。そこには須藤さんならではの冬支度があるのでは？「野菜は軒下に干したり、手作りの室《むろ》に入れたりして、冬の間もおいしく食べられるように保存します。畑の横の柿の木からはよく熟した渋柿を採って干し柿にしたり柿酢を作るんですよ」

東京から松本に移り住んで7年。お店を始めた当初から「野菜はこの土地で採れた旬のものを」と、おいしく、かつ安全な素材を求めて信州のあちこちを訪ね歩いたと言います。そこでは生産者たちとのいい出会いもありましたが3年前、かねてからの想いでもあった野菜作りを一から始めることに。肥料もやらず、畑も耕さず、もちろん無農薬で。手探りで始めた野菜作りでしたが、収穫した野菜を手にし、素材作りから料理まで一貫して手がけることに、醍醐味を感じたそう。もう間もなくすると霜が降り畑の野菜が凍《し》みてしまう12月初旬。今年最後の畑の収穫と、「温石」ならではの冬支度を覗かせてもらうことになりました。

干し柿がぶら下がる窓の前でにっこりしているのは、ひとり息子のこたろうくん。たまにお父さんの畑仕事のお手伝い（？）をしに行くこたろうくんですが、今日は寒いのでお留守番。おいしいお野菜、たくさん採ってくるからね。

畑の横にある柿の木から採れる渋柿は干し柿に。おやつとしてだけでなく、料理でも大活躍です。

遠くに北アルプスを望む高台の畑でかぶの収穫。

温石の畑仕事

お店から車で15分程で、なだらかな山の中腹にある畑に到着しました。かぶに大根、松本一本ねぎ、小松菜……寒風にも負けず、青菜はぴんぴん元気に育っています。畑と料理。どちらも中途半端になってしまうのでは？　最初はとまどいもあったと言いますが、ここで採れた野菜を味わううちに「やってよかった！」、そう思うようになったのだとか。今では、料理に使う野菜の多くをまかなえるほどになったのだそうですよ。

たった今引き抜いたかぶを味わいます。
みずみずしくて甘い！
「ここで採れる野菜は、繊維が緻密なんです。
短時間で火が通り、
味がすーっと入っていく」と須藤さん。

収穫した野菜は、手作りの室へ。
冬の間、ここで大根やにんじん、
ごぼうなどを保存します。
「土の中は温かいので凍みることがないんですよ」

松本一本ねぎや玉ねぎ、薪ストーブに使う薪が並ぶ庭。

玉ねぎやにんにくは、こんな風に軒下に吊るして。

お店の煙突からは、煙が……。見るからに温かそうです。

今日、作っていたのは黒米のおこげ！柔らかい薪の火の下でじっくり乾燥させていきます。

薪ストーブの下は格好の乾燥室。ここで、野菜やりんご、時にはきのこなども乾燥させるそう。

畑の横の渋柿で作った柿酢。右が2008年、左は2007年のもの。
柿の自然発酵にまかせて作るお酢は角がなく、繊細な日本料理によく合うそうです。

牡蠣と金町小蕪と黒米おこげ蕪みぞれ餡

おこげは、こんな美しいひと皿に！
ふっくらとした牡蠣と牡蠣の飛龍頭
に畑で採れた春菊を添えて。

温石の冬のある日

畑から帰った後、さっそく料理をいただくことに……。これはさっき畑で採れたお野菜？　こっちは薪ストーブの下で乾燥させていたおこげ！　もしかして、これは軒下にあった干し柿？？？　見慣れたはずの素材が、びっくりするほどさまざまな食感や味わいに変化していきます。
「野菜の持ち味をこわさないように。また、野菜が持つ、幾通りもの味を味わって欲しい。そう思って、日々料理しているんです」と言う須藤さん。素材と向き合いながら、ひと皿ひと皿仕上げられていく料理には、そんな想いが込められているのです。

干した大根の葉は、
細かい粉状にして衣にしたり、ふりかけにしたり。
「ごはんにまぶして、
おにぎりにしてもおいしいんですよ」
大根菜を干して、自分で作ってみようかな。

細かい粉状のものと、
葉っぱ状のもの。
料理に合わせて、
それぞれ使い道が違います。

松本一本ねぎのおかゆ他

じっくりと油で揚げたねぎのおかゆと、温石の冬の定番、ねぎの辛子黄身酢がけ。
これを食べると「ああ、冬が来たんだなぁ」と思います。

干し柿と紅芯大根の白酢かけ

ねっとりとした干し柿と、柿酢に漬けた紅芯大根、上にかかった酢……。一見、デザート？と見まがう、とてもかわいらしい料理。「イメージは白和えなんです」と須藤さん。

白馬豚ロースの低温焼きと大蔵大根の蒸し煮、干し菜と蜜柑の香り添え

豚のかたまり肉に、乾燥させた大根菜の粉をまぶし低温でロースト。その後、さらにグリラーでかりっと焼きあげます。下には荒らおろしにした大根を蒸し煮にしたもの。大根の葉のふりかけと、薪ストーブで乾燥させた陳皮を上に散らして。

とろりとしたべっ甲餡がかかった、松本一本ねぎのおかゆ。口の中にじんわりとねぎの甘みが広がります。

ねぎの辛子黄身酢がけに添えられる素揚げしたねぎ。

「宮坂醸造」と「大信州」の酒蔵めぐり

諏訪、豊野

信州に暮らすようになり、日本酒を飲む機会がぐっと増えました。わさび漬けと一緒にちびり、作り立ての豆腐に塩をかけてまたちびり。お蕎麦にも。それから毎日作る、和のおかずにも日本酒を合わせます。その土地で作られた食べものは、その土地のお酒が一番合う。当たり前と言えば当たり前のことなのですが、毎日をこの土地で過ごすうちに、そのことを身をもって感じたのでした。もともとお酒はいける口。せっかく信州にいるんだもの、いろいろ飲んでみたい。自分の好きな味を発掘したい。出かけた先で酒蔵を見つけたら立ち寄って買い求め、友だちにすすめられたら試し……を繰り返し、だんだんと気に入りのお酒が増えてきました。今回は、諏訪にある真澄の蔵元「宮坂醸造」と長野市豊野の「大信州」、ふたつの酒蔵を訪ね、作る過程を見せていただくことに……。

「お酒のもとになっているものはお米と水。シンプルでしょう？　でもそれだけに材料はもちろん醸造にもとても気を使うんですよ」と言うのは「宮坂醸造」のショップ・ディレクター、宮坂公美さん。諏訪の酒蔵を訪ねたのは10月の終わり、新米の入荷が始まり、杜氏《とうじ》と蔵人たちによる仕込みが行われている真っ最中です。お米を蒸したような甘い香りが漂う中、奥の部屋では酒母をゆっくりとかき混ぜる作業が行われています。衛生管理や温度管理をしながら14日間で酒母を完成させていきます。その過程で重要な部分はすべて蔵人たちによる手作業なんですって！

「毎年、できあがる酒の量には限りがあるので、その中でできるかぎりの努力をしようと思っています」と言うのは「大信州」の田中隆一さん。生産量は少ないながらも、真面目に酒造りに取り組む姿勢、そしてそれによって生み出される味わい深い酒は、「それだけでもおいしいのに料理の味を引き出してもくれる」と地元の料理人からも熱い支持を得ています。

酒母をゆっくりとかき混ぜる宮坂醸造の蔵人たち。

蒸し上がった米をほぐし、人肌くらいまで冷まします。

上諏訪街道のほぼ中ほどにある宮坂醸造。

入り口には「新酒ができました」という
合図でもある杉玉が。
蔵の中にはお酒の神様が祀ってあります。

宮坂醸造

霧ヶ峰の伏流水に恵まれ、酒造りがさかんな諏訪の地で1662年から続く老舗「真澄」の蔵元。その名は諏訪大社のご宝物「真澄の鏡」から命名されたものです。蔵からは「7号酵母」が発見され、日本各地の酒蔵で使われているのだとか。酒米を作る農家さんから玄米を買い、自社工場で精米。その後、蔵人たちによって醸される真澄の酒の評判は日本だけにとどまらず、海外からも高い評価を得ています。また、現在は仮店舗で営業している「セラ真澄」ですが、2011年の夏頃リニューアルオープンする予定。公美さんの提案する「酒のある和やかな食卓」の風景を垣間見ることができます。

蔵の中の衛生管理や温度管理はいつも慎重に。白衣と帽子を着けて、見学へ。

入ってすぐ、大きな袋がいくつも。
なんだろう、と思っていたら
「これ全部お米よ」と公美さん。

精米したてのお米は
信州産の美山錦。

発酵タンクの中では酵母が次々とアルコールや香り、味の成分を作っています。

諏訪蔵で働く蔵人は全部で18人。蔵の中は整然とした印象です。

毎日、酒母の状態を確認。

できたての酒母を
味見させてもらいます。
とろりとした喉越しと
ふわりとしたお米の香り。

唯一の機械作業の瓶詰め。このあとラベルが貼られ、商品に。

2011年夏には、併設ショップがリニューアル。

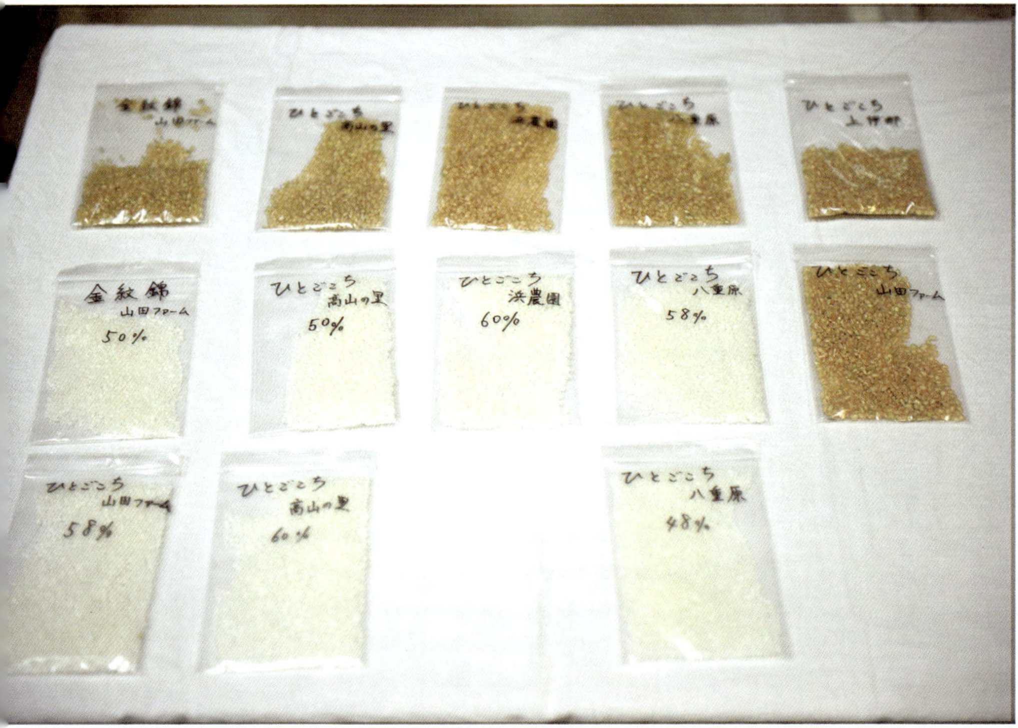

酒米のサンプルいろいろ。精米されていると素性が見えないからと、米はすべて自社精米。

今日、訪れたのは長野市豊野町の豊野蔵。

ここは豊野蔵から遠く離れた松本の稲核（いねこき）にある「風穴」と呼ばれる天然の冷蔵庫のようなところ。内部は夏でも8度ほど。ここで5カ月間貯蔵されたお酒は「大信州 純米吟醸 風穴貯蔵」（地域限定）として売られます。松本土産にぴったりの地酒！

大信州

「酒造りは愛と感謝」が標語という93歳の大杜氏、下原多津栄さんの薫陶を受けた小林杜氏を頭に8名の蔵人が五感を活かし、頑固にそして丁寧に日々、酒造りに向かっています。酒米は信州産の金紋錦、ひとごこちを契約栽培。仕込み水には杜氏のふるさと小谷村に湧き出る伏流水や上高地を源流とした北アルプスの伏流水などが使われています。「酒を醸すことは自然との融合なんですよ」とは大信州の田中隆一さん。信州の文化を瓶に詰めていきたい。そんな風に語ってくれました。発酵と熟成が終わったら瓶詰めの作業へ。その後、状態を変えないためにすぐに冷蔵保存されます。つまり、できたてのおいしさがそのまま私たちの食卓へ運ばれるというわけ。

米を洗う時に使う大きなたらい。吸水のタイミングはストップウォッチで測るんですって。

洗米用の袋。これに詰めてたらいに入れて、一袋ずつ手で洗います。

袋ごとに米の品種が書かれています。産地もいろいろ。

一歩中に入るとひんやり。大正時代に建てられたという「壹号庫」。

巨大蒸し器。「一度に400キロから500キロくらい入れて蒸します」。蒸し終わったら自然冷却で徐々に冷やします。

「おいしすぎて手に入らない！」という噂の酒粕。蔵の中全体にお酒のいい香りが。

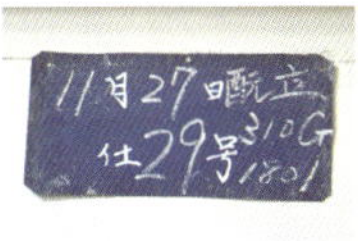

仕込み中の酒米。各タンクのプレートには日付が書かれています。29号の酒は11月27日に仕込みを開始。

大信州ではブレンドをしません。そのため希少ですが、味わいの違ういろいろなお酒が楽しめます。

白い冬野菜のポトフ

松本

日が短くなり、外の空気は頬をさすように冷たくなってきました。長い長い冬がやってきたのです。これから春までの数カ月間、家の中でのんびりすごすことが多くなります。お裁縫をしたり本を読む合間に作るのが、ポトフなどの煮込み料理。弱火でコトコトと長い時間をかけて煮込めば煮込むほどおいしくなるポトフは、信州の冬にぴったりの料理だなあ、そんな風に思っています。

作り方はとても簡単。市場で買ってきた冬野菜を大きめに切って、水とベーコン、ソーセージ、それからブーケガルニを鍋に入れてコトコト。体の芯から温まるこのポトフとおいしいパン、それから赤ワインがあれば、大満足の晩ごはんになるのです。

ポトフに欠かせないのがベーコンとソーセージ、それから白い冬野菜。信州には、おいしい加工肉を作る店がいくつかありますが、よく頼んで送ってもらうのが、「信濃ハム」のもの。「安心と健康がモットー」という職人さんたちによって作られるベーコンやソーセージは、真面目で、ほっとするやさしい味わいが気に入っています。それに合わせるのは、かぶや玉ねぎ、それから松本一本ねぎです。

赤やきいろ、緑などの鮮やかな色合いの野菜が並んでいた夏の市場とはうってかわって、色合いのない野菜ばかりになる冬の市場。さみしいといえば、そうとも言えますが、それもまた冬ならではの光景。鍋の中も、冬の風景にして楽しむ、というわけです。最初の頃は、寒がってなかなか外に買い物に出たがらなかった私でしたが、今ではもう慣れっこに。足先からじんじんと寒さが伝わってくる市場での買い物もそう悪くはないな、なんて思うようになりました。もう少しすると、市場の店先にはモミの木が並び始めます。そうなると冬も本番。テーブルにこのポトフがあがる回数も、寒くなるのに比例して多くなっていきます。

できました！　塩とマスタードを添えていただきます。沢で摘んできた芹のサラダも。

松本一本ねぎ

ポトフに欠かせない野菜、それはなんと言っても「松本一本ねぎ」。煮込むほどに柔らかく、とろりと甘くなるこのねぎは、冬の間、市場に山と積まれて売られます。蕎麦の薬味にしたり、マリネにしたり。ポタージュに、ある時はねぎとベーコンだけのシンプルなポトフにしたり……曲がった姿もかわいらしく、冬の間、欠かすことのできない野菜です。

「信濃ハム」から届いたばかりのハムとソーセージ、それからベーコン。電話で注文するとすぐに送ってもらえますよ。

包装紙もかわいい。プレゼントにも。

材料を鍋に入れたら、あとは火におまかせ。部屋中がふんわりとやさしい香りに包まれたらできあがりの合図です。

煮込んでとろりと柔らかくなった一本ねぎとベーコンだけのポトフもまた格別です。

Restaurant & Hotel

12月の奥蓼科。森の中のレストラン「エスポワール」にやってきました。さて、どんなおいしいものが待っているのかな。

ジビエの季節、到来！

蓼科高原

秋深まり始めるころ、信州の食いしん坊たちはそわそわし出します。ついこの前までもちきりだったきのこの話はどこへやら、最近の話題はもっぱらジビエのことばかりです。11月15日は狩猟の解禁日。信州の山では鹿や猪、山鳩、真鴨などさまざまな種類の野生の動物の狩りが行われ、獲ったばかりの獲物が料理人のもとに次々と運びこまれるのだとか！　11月に入って「ジビエ、ジビエ……」と念仏のように唱える私に、友人たちが声を揃えて薦めてくれたのが、ここ奥蓼科のフランス料理店「オーベルジュ・エスポワール」です。春は山菜、夏は蓼科の高原野菜、秋にかけてはきのこ、そして今のこの時季はジビエ……うーん、聞いただけでお腹がグーと鳴りそうではありませんか。

そんな私を出迎えてくれたのは、シェフの藤木徳彦さん。ちょうどお昼の仕込みの真っ最中という厨房に案内していただき、お目当ての獲物を見せていただくことに。日によっては素材が揃わない日があると伺っていましたが、今日は真鴨に小鴨、仔猪、山鳩……と充実の内容。「ジビエは骨太でありながらも、とても繊細な食材。難しいけれど、だからこそ料理をするのが楽しいんです」と藤木さん。最近では藤木さんのリクエストに応え、猟師さんが料理を想定して獲物をしとめてくれるようになってきたのだとか。「たとえば、猪。猟師さんからすれば大きなものがいいというきらいがありましたが、大人の猪は味も強いし、個性的。料理によっては仔猪の方がいい場合もあるんです。また鳥類は丸ごと調理したいことが多いのですが、その場合問題となるのが弾丸の跡や傷。それで近頃は空気銃を使ってみたり、頭を狙ったりしてくれるようになったんですよ」。私がメインに選んだ山鳩を下ごしらえしながら、猟師さんとのやりとりを楽しそうに語ってくれました。

「山鳩のロティ」は温野菜と一緒に。ジビエのイメージを覆すサラダ感覚！　料理に合わせて塩尻の白ワイン「シャルドネ」を選んでいただきました。

厨房で仕込んだパン生地を持って、パン焼き小屋へ……。

パンは
買って帰ることもできます。
山形パンを購入。

春には小鳥のさえずりが
響き渡るという庭。
四季を通して訪れてみたい。

自家製のパン

エスポワールのパンはすべて自家製。レストラン脇のパン焼き小屋と店内のオーブンで、毎日香ばしいパンが焼かれます。このパン焼き小屋、なんとスタッフの手作りとか！　雪をかぶったその姿はまるでおとぎ話に出てくるようですが、ほぼ毎日稼働している働き者の小屋でもあります。信州産の強力粉を使ったプチパンをはじめ、フスマ粉入りのカンパーニュ、そば粉入りリュスティック、オリーブパンなど、どれも料理のじゃまをせず、なおかつ味わい深いものにするよう心がけているのだとか。チーズには、イチジクパンとパン・ド・エピスが添えられます。

薪がパチパチ燃えるオーブンの中へ……。

焼きあがったプチパン。粉のいい香りが漂います。

どうです？　このおいしそうな焼きあがり！

発酵や成形、焼く作業……
手際よく働くスタッフ。
おいしそうなパンが
次々焼きあがります。

大鹿村、奈川など、信州内の「ここぞ」というチーズ農家から仕入れたチーズ。
時にはシェフが作り手と相談しながらエスポワールのオリジナルのチーズを作ってもらったりもするそうです。

ここは、森の中の燻製小屋

右は下ごしらえした真鴨と小鴨、左は仔猪。

ジビエを求めて……

ジビエ料理の評判は信州内だけにとどまらず、シーズン中は東京を中心に、日本各地から藤木さんのジビエ料理を目当てにお客さまが集まって来るのだとか！「捕獲から3日目くらいを」とか「首が落ちそうになるくらいうんと熟成させて……」など、お客さまの細かいリクエストにもその都度応じるのだそう。いただいた山鳩のロティは、まさに大地の味。食べたあとは血がたぎるかんじになりましたが、つけ合わせのお野菜がとても繊細で軽やかな味わいだったので、チーズそしてデザート……と進むことができました。

窓の外に目をやると、
つららが。

信州産のワインの他、ボルドーやブルゴーニュの銘品がなんと2500本並んだ地下のカーブ。

トキイロヒラタケ、タモギダケ、ヤナギタケ……。
この日は、きのこもありました。

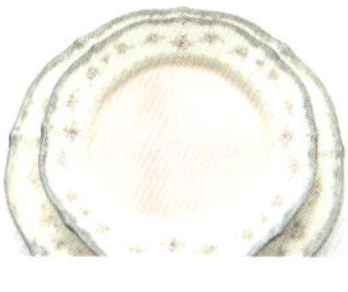

「信州ジビエのパテ」と、上は「仔猪の骨つきロースのロティ」
ピンク色が美しいポタージュはビーツ。野菜類は藤木さんが絶大な信頼を寄せている「朝倉のおばあちゃん」が作ったものが中心だそう。

オーベルジュ・エスポワール

春には春の、夏には夏の……その季節ごとに、この地で採れる食材をふんだんに使ってひと皿の上に表現する藤木さん。パンは信州の地粉を使い、薪の窯で焼き、チーズも信州の生産者を訪ね歩いて見つけたもの。「信州という立地を最大限に生かすために、よい食材を使った季節ごとの『ご馳走』を楽しんで欲しい。ここ奥蓼科の環境も含めてね。それが最高のもてなし、そう考えているんですよ」

温泉水でおかゆを炊く

扉温泉

2月、信州は冬本番です。「寒いねぇ」、「今年は冷え込むねぇ」。こんな言葉がこの季節の挨拶代わりになり、外を歩く人もめっきり減って松本の町はちょっとさみしい雰囲気になります。でも私は全然へっちゃら！　冬生まれのせいか、子どもの頃から冬は一年の中で一番好きな季節です。

さて、その冬のお楽しみといえばなんといっても温泉。信州内にいくつか気に入りの温泉がありますが、ここ扉《とびら》温泉の「桧の湯」もそのひとつ。松本の奥座敷とも呼ばれ、昔から名湯として知られてきた温泉です。渓谷沿いの森に囲まれた露天風呂に体を沈め、温まること数十分。寒さで縮んだ体が伸びて、芯までぬくぬく。光に当たってきらきらと輝く雪、「風花」を見ながらの、のんびりした時間はなんとも贅沢ではありませんか。

「このお湯でごはんを炊いたり、お茶を入れるとおいしいんだよ」。はじめてここを訪れた時に、となりでお湯に浸かっていたおばあちゃんが、こんなことを教えてくれました。「そうそう、私もポリタンクに汲んで、遠くの親戚に宅配便で送ってる」、とまた別のおばあちゃん。「常温でしばらく置いてもおいしいまま」、そう教えてくれたのは、「桧の湯」の方です。

そんなことを聞いたら、汲んで帰らずにはいられません。以来、私も「桧の湯」に行く時は、タオルや石けんと一緒に瓶を持参することにしています。そのまま飲んだり、おばあちゃんの教えにしたがってお茶を入れたり。中でも、この温泉水で炊くおかゆのおいしさといったら！　ふっくらと炊きあがったおかゆからは、ほのかに温泉の香りがたちのぼり、見るからに温かそう。漬けもの名人にいただいたたくあんや野沢菜漬けと一緒にいただくと、食べ終わるころにはぽかぽかに。体の外から内から温かくしてくれる温泉に感謝なのです。

桧の湯の露天風呂。体の芯まで温まります。

松本の町から車で約30分。途中、神社の前などを通って森の中へと入っていきます。

扉温泉・桧の湯

内湯と露天風呂、どちらも源泉掛け流しという贅沢な立寄り温泉。効能は神経痛や関節痛、慢性の消化器病などいろいろ。お湯の温度は約40度、透明でとても柔らかです。露天風呂は外気の影響からか、内湯より幾分か温度が低く、長く入っていてものぼせることがありません。「毎日来てる」、なんておばあちゃんたちも多く、みなさん顔見知りが多いよう。温泉でのおしゃべりも楽しみのひとつとなっているようです。温泉の質とともに魅力的なのは、なんといってもまわりを取り囲む自然。夕方をすぎると、このあたりの森では鹿やカモシカを見かけることもあるのだとか！　雪景色はもちろん、新緑や紅葉など、どの季節に訪れても、美しい景色が望めます。

家に帰ってからのお楽しみ、そのまま飲むポット入りのお湯。
瓶に入れたお湯は冷蔵庫に保存して。

温泉を出て、お湯を汲んでも体はポカポカ！
雪道を歩いても体は全然冷めません。

帰りがけ、
20リットル／100円の
温泉スタンドに寄って。

できたて、温泉がゆ。温泉によって味わいが少しずつ変わります。

おかゆに使うお米は
松本産の合鴨米。

添えるのは信州の冬の味、野沢菜とたくあん。

温泉水の量はお米のおよそ５倍。
煮詰まってしまったら、少しずつ足して弱火で炊きます。

冬の蕎麦は旨み増し

安曇野池田町

東京に住んでいた頃からお蕎麦は大好物でしたが、信州に住み始めてからというもの、その蕎麦好きに拍車がかかったような気がしています。栽培から始まり、収穫後の保存方法、蕎麦粉の挽《ひ》き方、割合、打ち方、茹で加減……ひとつの「蕎麦」という料理に対して、こんなにもさまざまなバリエーションがあったのか！　とびっくり。お蕎麦屋さんの数だけ、そして蕎麦を打つ人の数だけ、こだわりがあると言っても嘘ではないなあ、なんて思っています。おいしい水ときれいな空気。信州の気候と風土が生んだ、信州の代表的食べ物の蕎麦は、信州人にとってのソウルフードのようなものなのかもしれませんね。

　信州暮らしも4年目に入り、春夏秋冬を何度か繰り返し分かったことがあります。それは「冬の蕎麦はものすごくおいしい」ということ。すすった瞬間、口の中に広がる蕎麦の味はなんていうか、ふくよかで、そして凛々《りり》しいのです。私のまわりの蕎麦好きに尋ねたところ、「寒の蕎麦っていってね、はっきりとは分からないけど、強いて言うならばこの寒さで『締まる』とでもいうのかな、きゅっと味が引き締まっておいしくなるような気がするねぇ」とのこと。「採れたての新蕎麦特有の青臭さが取れる」とか、「寒くなるほどに熟成し風味が増す」……なんて言う人もいました。寒仕込みや寒ざらしなど、寒いからこそ生まれるおいしさがあるのかもしれません。

　身が引き締まるような2月の中旬、訪れたのは、安曇野の小高い丘に建つ蕎麦屋「安曇野翁《おきな》」。迎えてくれたのは、ご主人の若月茂さんです。ピカピカに磨きあげられた厨房では、まさにこれから蕎麦打ちが始まらんとするところ。「天候や温度、それから湿度などによって、その日その日で合わせる水の量が少しずつ変わってくるんですよ」と若月さん。「おいしい」の裏に隠された若月さんの蕎麦打ち。1から10まで見せていただくことになりました。

ざる蕎麦と冬だけ出される温かいかけ蕎麦。おいしいお蕎麦はシンプルが一番。

挽きたての蕎麦粉。なんともいい香りが漂います。

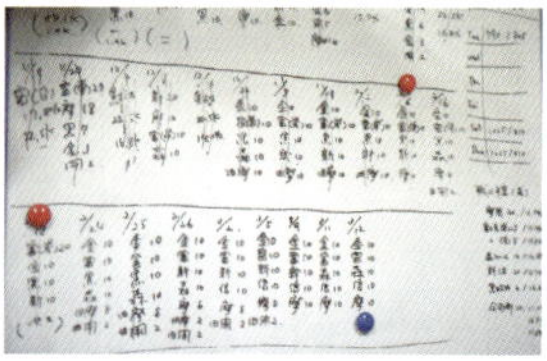

なにやら暗号めいた文字が……。
「その日によって蕎麦の配合が違うので、書き留めておくんです」

玄蕎麦は大きさ別に分けられています。

石臼でゆっくりゆっくり挽いていきます。

翁の蕎麦粉

さらりと美しい蕎麦粉は、打ち粉用の更科粉以外、すべて自家製粉。夏は北海道、秋は信州の富士見町や茨城の常陸太田やかつての新治村と、季節によって仕入れる蕎麦が違うのだとか。10月から12月にかけての新蕎麦の時期は若々しい味わい、年を越して2月頃から味がのってくるのだそう。これがいわゆる、「冬の蕎麦」なのです。ゴールデンウィークあたりからは気温が上がり、蕎麦の鮮度が落ちてきてしまうため、若月さんのところでは、すべて冷蔵庫に入れて温度管理をしています。

玄蕎麦の殻を取り除いたもの。

蕎麦を打つ

「実の持つ水分が毎回違うので、その日の蕎麦の状態を見ながら打つんです」と若月さん。蕎麦の産地や季節、天候など、いつ打っても毎回違うので飽きることがないのだそう。3月から4月は安曇野が最も乾燥する時期。「逆に、ゴールデンウィーク後は田んぼに水が張られるため、湿度が上がるんですよ」。微妙な湿度に敏感に反応し、蕎麦粉に加える水分を調整します。水は北アルプスの伏流水を使用。蕎麦打ちには12度から15度が適温なので、水温を調節してから使っているそうです。

蕎麦粉をかきまぜる

①ふるった蕎麦粉を手でざっと慣らし空気を含ませます。

加水

②粉の中央をくぼませ、そこに水を一気に入れます。

素早くまぜる

③両手の指先を使って混ぜます。「手早く、均一に水を含ませて」

水回し

④粉の一粒一粒に水をいき渡らせるように……これを「水回し」と言うそうです。

水がいき渡る

⑤くるくると円を描くように混ぜ合わせます。粉が少しずつそぼろ状になってきました。

まとめる

⑥そぼろ状だった生地がだんだんまとまってきました。

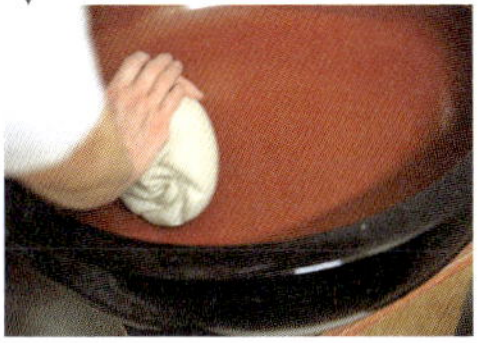

こねる

⑦木鉢の底に押しつけるようにして……腰を落としてリズミカルにこねます。

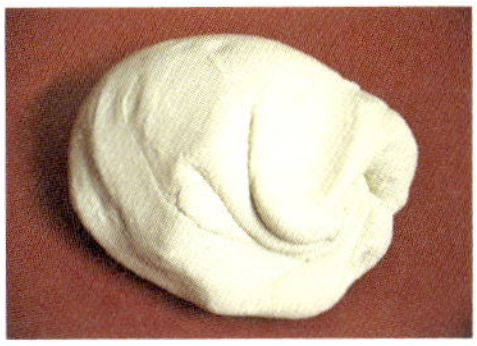

練り込む

⑧生地がしっかりしてきたら、内側に練り込むようにこねていきます。

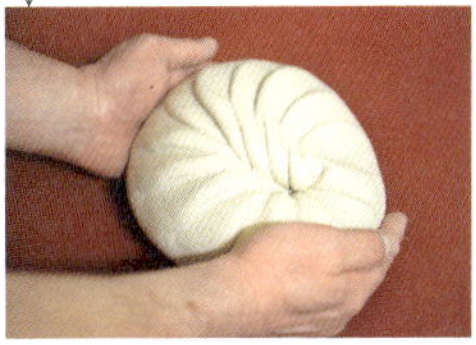

菊練り

⑨全身の力を込めて、「生地の空気を抜くように」……やがて菊のような姿に。

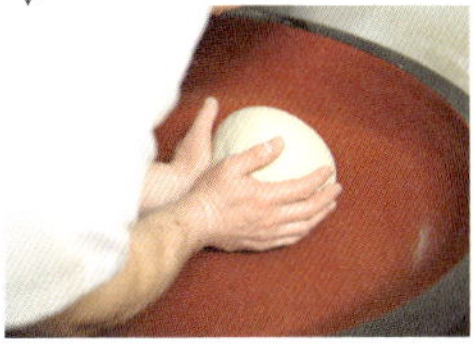

へそ出し

⑩菊練りした生地を、今度は転がしながら練り込みの跡を消していきます。

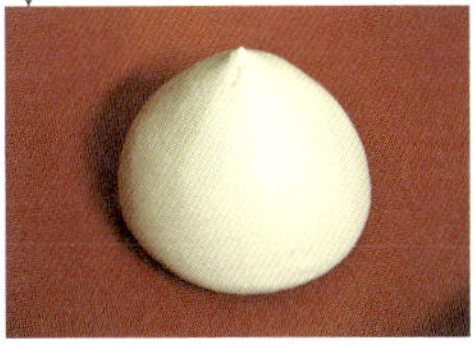

へそ出し完了

⑪表面がしっとり、つややか、円錐形になりました。「へそ出し」と呼ばれる作業です。

押してのばす

⑫のし台の上に打ち粉をふって、手のひらに重をかけて生地をのばします。

のし棒でのばす

⑬のし棒を押しつけるようにまずは上にのばし、

⑭縁までのばしたら、生地を少し回してまた上に向かってのばします。だんだん大きくなってきた。

巻いて

⑮端から巻き込んでいきます。「この時、生地をたるませないように」

転がす

⑯上から軽く押しながら数回、前方に転がします。

四角にのばして

⑰90度回転させ、巻き込み、転がすと……丸かった生地があっという間に、四角く!?

たたむ

⑱まんべんなく打ち粉をふって、縦三つにたたんでいきます。

粉を打つ

⑲下半分に打ち粉をふって、上半分を重ね合わせ、さらに打ち粉をし、

たたむ

⑳下半分をそっと折り重ね、十二折りに。縦の長さが、包丁の長さになっています！

粉を打つ

㉑さらに打ち粉をたっぷりふります。

小間板で押さえて切る

㉒小間板をまな板と平行にスライドさせながら切っていきます。

トントントン……リズミカルな音をたてながら、お蕎麦ができあがっていきます。

蕎麦つゆに使う昆布、干し椎茸、かつおぶしは厳選した素材を。
おしょうゆは松本の大久保醸造店のもの。

遠くに北アルプスを望みながら、
できたてのお蕎麦をいただきます！

若月さんの師匠、高橋邦弘さんが監修した
子ども向けの蕎麦打ちの本。
とても分かりやすく、勉強になりました。

雲ひとつない、きりりと晴れ渡った冬の空。空気も水もキーンと冷たくておいしくなります。

春はすぐそこ、ふきのとう

奈川

東京に住んでいた頃、ふきのとうは私にとって少し遠い存在の食材でした。なにしろ、春先にほんの少ししか入っていないパック入りのものが５００円以上で売られていましたから。あの独特の苦みのきいた味には惹かれるものの、なんとなく買いあぐねていたのでした。ところが信州ではびっくりするほど、ふきのとうは身近な存在。それもみんな、「買うのではなく採るもの」という感覚です。雪が解けて土が見えると、ひょっこり顔を出す。「長い長い冬が終わって春がやってきましたよ」と、信州の人たちにとって、ふきのとうは春の訪れを知らせてくれるありがたい山菜なのですね。

　最初の頃は天ぷらやふき味噌くらいしか思いつかなかった私のふきのとう料理ですが、お店で食べたり友だちに教えてもらったりするうちに少しずつレパートリーが増えてきました。なかでも感心したのが、刻んだふきのとうがたっぷり乗ったピザを食べた時。ほろ苦い味とピザ生地、チーズやオリーブオイルとの相性がこんなにいいなんて！　以来、パスタソースにしたりオリーブオイルで揚げてみたりといろいろな食べ方に挑戦しています。

　ゴールデンウィーク前のある日、清水牧場の清水晴美さんが「うちの牧場に、ふきのとうを採りに行かない？」と誘ってくれました。山桜が咲くのはなんと7月という奈川《ながわ》の山では、今やっと雪が解け出してきたところ。夏に訪れた時には牛が放牧され、森も山も青々とした緑で覆われていた牧場は、当然のことながら様子が違います。わずかな草が生えているだけで、茶色い世界。気のせいか小川の数も増えているような……。「その流れは山から流れ出した雪解け水よ」と晴美さん。そっとすくって飲んでみると、きりっと冷たくておいしい！　すると水辺に寄り添うようにして生えるふきのとうを見つけました。あっちにも、こっちにも！　山を登りながら夢中で摘むうちにかごいっぱいのふきのとうが採れました。帰りの車の中は春の香りでいっぱい。早く帰って新鮮なうちに料理しなくちゃ。

雪が残る斜面に顔を出す姿は、本当にかわいらしいんです。

30分もしないうちにこんなに収穫。

「こっちにもあるよー」
クマよけの鈴をつけてどんどん山を登って行く晴美さん。待ってー。

冬枯れた景色の中、
ふきのとうだけがぽつりぽつりと。

こんな
やわらかい色をしてます。

ふきのとうのペースト

採ってきたふきのとうは、すぐにざく切りにし、にんにくで香りをつけたオリーブオイルでオイル煮にします。味つけは塩だけ。パンにつけたり、パスタと和えたりと応用範囲の広いペーストです。１週間ほど日持ちもし、冷凍保存もできるので、たくさん採れたらまずはこのペーストを作ることにしています。

グリルしたチキンに ペーストを添えて

軽く塩とこしょうをしてかりっとグリルした鶏肉にペーストをたっぷりつけて。
チキンとふきのとう？　と不思議に思う人も、ひと口食べると納得の味。ワインにもぴったりです。

ふきのとうと言えばふき味噌というくらいお馴染み。
さっと茹でてからざく切りにし、
砂糖をほんの少しと酒としょうゆ、好みの味噌を入れて煮詰めます。
お酒のあてにしたり、
こんな風におにぎりにちょこんとのせたり。

赤出しとの相性も抜群。
適当な大きさに切った
ふきのとうを
たっぷり入れたお味噌汁です。

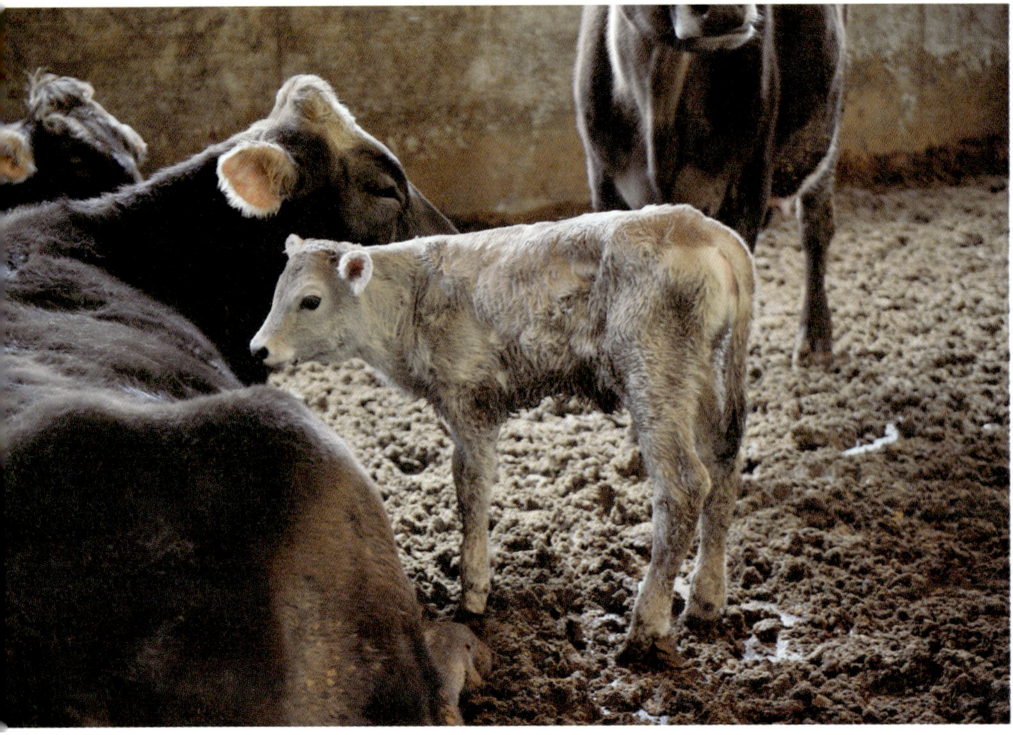

産まれてまだ数時間しかたっていない赤ちゃん牛。お母さんのお乳を１日４〜５リットルも飲むのだとか。

「さわってよ」とでも言いたげな羊のお母さん。清水牧場の羊や牛たちはみな穏やかで人なつっこい。

「清水牧場」のチーズ作り

奈川

牛飼いになるのが夢だったと言う清水則平さんが酪農の世界に入ったのは、今から32年も前のこと。ところが憧れたその世界は思い描いていた理想とはかけ離れたものでした。「乳量を増やすために、人工的に配合された飼料を与えられ、牛舎からはほとんど外に出られない。牛たちの自由なんてまったくなかったんです。牛舎はまるで牛乳の製造工場のように見えました」。このままではいけないと思いたった清水さんは、奥さまの晴美さんとともに牧場経営のかたわらチーズ作りを始めます。その後、岡山市から信楽《しがらき》、長野県北御牧村《きたみまきむら》（現東《とう》御《み》市）と土地を移し、さらに、牛たちにとってより良い環境を……と今から5年前にここ松本市の奈川、北アルプスの山へと牧場を移します。高いところでは標高が1800メートルにも達する乗鞍岳近くの牧場の広さは、なんと60ヘクタール。ここで雪のない約半年間、朝から夕方まで牛たちは自由にすごします。放牧され牧場の草を食べる夏の乳はカロテンが多く含まれているため黄色く、干し草を食べる冬の間は脂肪が多く味が濃くなるそうです。「牛乳と塩、あとは菌の作用で熟成させる。材料も作り方もとてもシンプルだけど複雑で奥の深い食べ物だな、と思っているんですよ」。季節はもちろん日によって変わるという乳から作られる清水さんのチーズに興味津々です。

牧場にお邪魔したのは、山肌には雪が残り、まだまだ冷え込む奈川の4月。放牧はもうしばらく先です。牛たちがのびのびすごす姿が見られなくて残念……そう思っていると晴美さんが「牛舎に行ってみる?」と誘ってくれました。久しぶりに見る牛たちは、相変わらずのおっとり美人さんたちばかり。これもストレスなく暮らしているからだなあ……なんて思っていると、あれ？　大きな牛たちに守られるようにして赤ちゃん牛がいるではありませんか！　なんと今朝産まれたばかりなのだそうです。となりの羊の小屋でも赤ちゃんが数匹。「産まれたては、信じられないほどかわいいのよ」と晴美さん。お母さんのあとを追うようによちよちした足取りで森を抜け、牧場に向かう姿が見られるのももうすぐです。

すくっては型に入れ……を繰り返すこと何十回。すべて則平さんおひとりによる手作業なのです。

酵素を入れて加熱、牛乳はゆるく固まります。カットして「ホエー」と呼ばれる乳清を出す前の状態、とろんとしておいしそう。

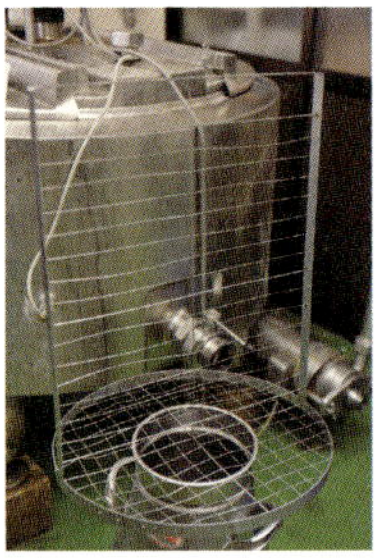

まずは原料となる乳を62度で30分加熱。その後30度まで冷まし、乳酸菌を混ぜ凝固させてから専用の器具でカットします。

凝固化したカード（凝乳）とホエーに分かれてきました。

山岳系のチーズ

8カ月以上熟成させるハードタイプの「バッカス」、セミハードのウォッシュタイプ「山のチーズ」、クセの強いウォッシュタイプ「森のチーズ」、ホエーを煮て作る「プティニュアージュ」、クリーミーなフレッシュタイプの「クワルク」、清水牧場で作られる牛のチーズは全部で５つ。いずれも山岳での酪農に適していると言われるブラウンスイス種の牛のミルクで作る山岳系のチーズです。
「ここでしかできない、ここだからできるそんなチーズを作りたい。自分たちがおいしいと満足できる、そんなチーズをね」と清水さん。ふわーんと、赤ちゃんのような甘い香りがする作業部屋でチーズ作りが始まりました。

牛舎から帰ってくると晴美さんがホットミルクを入れてくれました。
甘くてやさしい味。

水分が外に出てだんだんとチーズらしい形に……。

風干しして固くなったもの。
おそるおそる触ります。

少しずつすくって型に入れます。

途中、ひっくり返して、

毎日ホエーをカップに1杯。晴美さんはこれのおかげでいつも肌がつるつるなのだそう。
私もひと口いただきます。

ここはバッカスの熟成庫。日々、チーズの熟成をチェックします。

こちらは森のチーズの熟成庫。開けたとたん、ぷーんと独特の香りが……。赤ワインが飲みたくなります。

風通ししたチーズに塩をまぶします。雑菌の繁殖を抑えて風味をよくするのだそう。

あとは
熟成されるのを
待つばかり。

できたてのプティニュアージュ。メイプルシロップをかけて食べるとおいしい！

ホエーに牛乳と乳酸を加えて加熱します。

型に入れてある程度かたまったらやさしく取り出し、ケースへ入れます。

完成！
できたらすぐに店頭へ。
お店の人気商品のひとつです。

チーズの赤ちゃん

1日にできるのはわずか20個ほどという、「小さな雲」という意味のプティニュアージュ。チーズの赤ちゃんのような存在です。その名にふさわしく、ふわっふわの食感ととろけるような舌触りが特長。お客さまのリクエストもあり、型くずれしないぎりぎりまで柔らかさをキープしているのだそう。繊細であまり日持ちがしないため、買って帰ったらすぐに食べるようにしています。

苦みは春の味

松本

大根や長ねぎなどの根菜が並んでいた静かな冬の市場の風景から一転、春先になると毎朝採れたての山菜が市場に並びます。こごみ、うど、うるい、たらの芽、ぜんまい、蕗《ふき》にふきのとう、こしあぶら……苦みをたっぷり含んだ山菜はまさに春の味。今まで料理したことがなかった山菜でしたが、市場の売り場で隣り合わせたおばあちゃんなどに作り方を尋ねると、それは親切に教えてくれます。いつだったか、気がつくといつの間にか私のまわりにいろんな人が集まって、「我が家の山菜料理自慢大会」になったこともありました。本やテレビで覚える知識よりも、こんな風に家族のための食事作りを長年やってきた方から聞く生の声は、しっかりと私の心に残ります。

　市場で仕入れたレシピは家に帰ってからまず、そのとおりにおさらいします。その山菜の持ち味のようなものがなんとなくつかめたら、自分流にアレンジして料理するのですが、これがうまくいく時もあれば、そうでない時もあり。こればっかりは、春が来るたびに何度となく料理をしていかないと覚えられないことなのでしょうね。

　市場で買うだけではなく、家の近所の山を散歩がてら食べられそうな山菜を採ることもあります。野原ですぐに見つけられるのがつくしとのびる。つくしははかまを取って、オリーブオイルととうがらし、にんにくで炒めて、ペペロンチーノのパスタに。のびるは根の白い部分をきれいに洗い、ざく切りにしておかかとおしょうゆで和えてごはんのおともに。山に行って収穫し、それから土などをきれいに取って……手間ひまはかかるものの、自分で採ったものがその日のうちに食卓にあがるのが楽しくて。もしかしたら、冬の間、家の中にこもりがちだった体が外の空気を求めているのかもしれません。

山菜いろいろ。うどはペペロンチーノに。ペンネに合わせると、ふたつの食感が同時に感じられて楽しいです。

わらびをお湯と灰に漬けるとあっという間に鍋の中は真っ黒。冷めたら漬け汁は捨て、きれいに洗い、水に浸した状態で密閉容器に入れて保存します。

あく抜き

朝、山で採れたばかりというわらびを市場で見つけました。あく抜きが面倒そうだな、と思っていましたが、その方法を聞くと意外にも簡単。まずはたっぷりのお湯を沸かし、ボウルにお湯と灰を入れ、そこにわらびを入れます。そのまま冷めるのを待ち、冷めたらきれいに洗って料理に使うだけ。おかかとおしょうゆでシンプルにおひたしのようにいただくのもいいものですが、私のおすすめはナムル。どうやら春の苦みは油と相性がいいようです。

こごみマヨネーズ

蒸籠で蒸したこごみにマヨネーズをつけながら食べます。少し歯ごたえが残るくらいが好み。

わらびのナムル

ごま油にすったにんにくと塩を入れよく混ぜ、わらびを入れてよく和えます。
好みで少しお酢をたらしても。

松本市内から車で15分ほどのところにある直売所、アルプス市場。契約している250名以上の生産者から届く季節の新鮮な野菜が並びます。

きれいな湧水と自生の芹、クレソン

松本郊外

四方を山と川に囲まれた松本の町。そのため地下水がとても豊富なのだとか。町中には湧き水を汲む場所がいくつも点在し、通りすがりにのどを潤したり手を洗ったりする姿が多く見られます。松本の人たちにとって湧き水は、とても身近な存在であると同時に、なくてはならないものになっているようです。

ある日、イタリア料理店で出されたお水がおいしかったので、もしかして湧き水？　と聞くと、そうですという返事。毎日、お客さんが飲む分の水を汲んでくるのはさぞかし大変、と思いきや、「店のすぐとなりに湧き水が出ているんですよ」。そんな思いがけない答えが返ってきました。源智の井戸や伊織霊水、北馬場柳の井戸など、よく知られた湧き水スポットではなく、ひっそりした路地にもちょろちょろと水が湧き出ているとは！　以来、散歩の途中で知らない道をわざわざ通り、私だけの湧き水地図を作っています。

蕎麦にお豆腐、日本酒、それからわさび……水のきれいな信州ならではのおいしいものはたくさんありますが、中でも友だちに連れて行ってもらった、クレソンの生い茂る小川を見た時ほどそのことを実感したことはありません。山からちょろちょろと流れる小さな川一面にびっしりと生えていたのですから！　「ここは、だれにも教えちゃだめだからね」と言われたその場所は、遠くに北アルプスを望む小高い丘の上。時おり散歩に来るおばあちゃん以外はだれにも会いません。人の訪れることのあまりない、ひっそりとした場所です。おひたし、豚とクレソンの鍋、天ぷら……ここを知ってからというもの、今まではひと束、威勢のいい時だけふた束買っていたクレソンをおしげもなく使うことができるようになりました。日本のクレソンともいうべき、芹を摘める場所ももちろんあります。今日は芹、明日はクレソン。思い立った時に摘みに行けるなんて、なんて幸せなんでしょう！

たくさん摘んだら、おひたしに。茹でるとぐんと量がへりますが、その分たくさん食べられます。食べた後は、お腹が清らかになった気分に……。

天ぷら粉をつけ、さっと揚げて塩とレモンで食べます。白ワインと一緒に……。

クレソンの天ぷら

小川でせっせと摘んでいると、散歩がてら日なたぼっこをしていたおばあちゃんに会いました。「それは、天ぷらにするとおいしいよ」とおばあちゃん。どうやら地元の人もたまに摘みに来ているようです。

摘んだクレソンは湧き水でさっと洗い、バケツに入れて持って帰ります。

時にはご近所さんにお裾分け。
こんなふうに束にして、ラフィアでしばったら、
クレソンの花束のできあがり。

摘みたての芹。泥をよく落としてから料理に使います。

こちらは北門大井戸という井戸。
湧き水を汲んでいたら、
お散歩中のわんちゃんが
のどを潤しにやってきました。
いつものお散歩コースなんですって！

芹のおひたし

独特の香りが魅力的な芹ですが、時に食べられないものもあるそうなので、よくよく調べてから採ることをおすすめします。

春。季節がひとめぐりして、また新しい季節のはじまりです。

おわりに

冷蔵庫には清水牧場のチーズが数種。ワインは小布施ワイナリー。パンはルヴァン、ジュースは信州堂のビオりんごのもの。野菜はご近所さんからいただいたり市場で買ったもの。そういえばここ最近、お米もいただいてばかりで、あんまり買っていないなあ……。気がつくと、我が家の食卓は信州のものでいっぱいです。

「地産地消」や「フードマイレージ」という言葉を最近よく耳にしますが、私の場合、ありがたいことにあまり意識せずにやってこれています。それから、その時採れる野菜を料理して食べることが多くなりました。その方が自然で、お財布にもやさしく、何よりおいしいから！

とはいっても、決してストイックにならないのが私のいいところ（？）。時には、冬のさ中に無性に香菜が食べたくなってスーパーに買いに走ったりもしています。たなかれいこさんや温石の畑を見て「野菜作りしてみたい！」と思いつつ踏み切れなかったり、本格的な漬けもの作りに挑戦したいと思いながらも、漬けもの名人からいただくもので満足したり。そんなこんなで、今のところ保留中のこともたくさん。でもその分、まだまだ知らないことを発見したり、新たな驚きと出会えるかも……と、呑気にかまえています。

さて、今回伺った「おいしいもの」を作る方々ですが、みなさん横のつながりがあるんです。ルヴァンの甲田さんは「たまに清水牧場にパンを送ると、数日後チーズが届くんだよ。じつはそれが目当てで」なんて楽しそうにおっしゃっていました。「信州のおいしいものを探している」というと、「あそこのあれはどうかな？」なんておしげもなく教えてくださいました。そのおかげで、何度、目をまん丸にして「おいしい！」を言ったことか。

みなさん本当にありがとうございました。

そして、ごちそうさまでした！

伊藤　まさこ

『信州てくてくおいしいもの探訪』おいしいもの＆お店LIST

＊こちらで紹介しているデータは2010年8月現在のものです。
＊店名の前にある通し番号（❶、❷……）は、172ページから紹介している商品のお問い合わせ先番号となります。

❶ルヴァン 信州上田店（パン）――ページ14
上田市中央4-7-31
☎0268-26-3866（パン）、0268-25-7425（カフェ）
FAX 0268-26-3866
http://www.levain317.jugem.jp/
営業時間　9時〜18時、カフェ11時30分〜17時（LO16時30分）
休み　水曜、第3木曜（祝日振替休日あり）
取り寄せ　¥3000、¥5000のおまかせセットのみ。電話注文後、1週間以内に発送。
○田舎パン、フランスパン、ドライフルーツやナッツ入りのパンなど、パンは量り売り（カンパーニュ317　¥1／1gなど）。その他に季節のパイ、玄米キッシュ、日替わりサンドなどもある。1階奥にカフェ「ルヴァンターヴル」、2階に「茶房烏帽子」（お茶とパンが楽しめるイートイン・スペース）を併設。

❷生産者直売所アルプス市場（野菜、くだもの他）――ページ22、74、120、154
松本市寿白瀬淵7391-1
☎0263-86-6707
http://www.alpsichiba.co.jp/
営業時間　9時〜18時30分、日曜、祝日、冬季（10月22日〜3月20日）は9時〜18時
休み　無休
取り寄せ　通販あり→HPへ
○加盟生産者が250人を超す直売所。信州産を中心に新鮮な野菜、くだもの、加工品が揃う。園芸・生花店「アルプスフラワーガーデン」を併設。

❸山塩製塩所／山塩館（塩）――ページ24
下伊那郡大鹿村鹿塩631
☎0265-39-1010
電話受付時間　9時〜19時
http://www.yamashio.com/
休み　無休
○「湯元 山塩館」内にある私設製塩所。「湯元 山塩館」で袋詰めされた山塩（50g入り　¥530）は宿泊者のみ購入可。近所の「塩の里」でも販売。

❹塩の里　特産品直売所（山塩、野菜、加工食材他）

下伊那郡大鹿村鹿塩364-1

☎／FAX 0265-39-2282

営業時間　9時〜17時

休み　火曜

○「山塩」や鹿肉などをはじめ、大鹿村で生産される特産品や村内農家から持ち込まれる新鮮な野菜や豆、米などを販売。塩の里の歴史を紹介する「展示室」、野菜や蕎麦、山菜を使った料理を出す「食事処」（火曜休み。11時〜14時、17時〜22時）を併設。

❺豆腐工房 美濃屋豆腐店（豆腐、お揚げ）——ページ26

下伊那郡大鹿村鹿塩364-1

☎／FAX 0265-39-1028

http://www.i-iida.net/toufu/toufu.html

営業時間　9時〜15時

休み　木曜

取り寄せ　大鹿地大豆とうふのみ可（電話もしくはFAXで）

○「油揚げ」は11時ごろにできあがることが多い。

❻ひめや（朴葉巻き）——ページ34

木曽郡王滝村3186-1

☎／FAX 0264-48-2020

営業時間　8時30分〜17時

休み　不定休

取り寄せ　可（FAXで）

○商品は通年の扱い。

◎郷土料理ひだみ（郷土料理、どんぐりコーヒー）——ページ38

木曽郡王滝村3153-2

☎／FAX 0264-48-2648

営業時間　9時〜16時

休み　月曜（祝日の場合は翌火曜）

取り寄せ　不可

○「郷土の幸定食」（¥1000〜1500）には、どんぐり揚げ餅、きびおこわなどがつく（要予約）。どんぐりこおひい（¥400）、どんぐりぱん（¥100）、どんぐりぱい（¥200）など。

❼池田町ハーブセンター（ドライハーブ、苗）——ページ42

北安曇郡池田町会染6330-1

☎0261-62-6200

FAX 0261-62-6202

http://www.herbcenter.or.jp/

営業時間　9時〜18時、11月〜3月は9時〜17時

休み　木曜（12月〜2月）、年末年始

取り寄せ　一部通販あり→HPへ

○お茶や入浴剤などのハーブを使った特産品、苗なども扱う。

❽信州あづみ野体験農場あぶらや（畑体験）――ページ42、46
北安曇郡池田町会染11820-1
☎0261-62-4814
開設時間　9時〜17時
○農業体験を希望する場合は☎090-8595-5400まで。

❾KAIDA FARM（ブルーベリー）――ページ54
木曽郡開田高原末川1088
☎／FAX 0264-42-3824
開設時間　9時〜17時（7月中旬〜9月中旬のみ）
休み　不定休
取り寄せ　加工品のみ可（電話もしくはFAXで）
○完熟果が少ない場合は休園。天候による変更あり、要問い合わせ。入園料¥750（子供も同額）、持ち帰り¥210／100g（パック代別途。果実のみの販売なし）。自家製ブルーベリージャムなども扱う。

❿食のギャラリー612（料理教室、畑体験）――ページ64、68
東京都港区南青山7-9-3
☎03-3406-6128
FAX 03-3406-6129
http://www.612co.net/
営業時間　12時〜19時
休み　日曜、月曜、祝日
取り寄せ　通販あり→HPへ
○料理術を身につける定期開催の〝ゆっくり講座〟、食べ物の力を感じる〝短期集中講座〟、テーマを設けた〝スペシャル講座〟など各種講座を開催。「畑の教室」は年に3〜4回、茅野市蓼科にある「612ファーム」で開かれる。開催のお知らせなどはHPへ。

⓫松仙堂（栗菓子）――ページ76
上高井郡小布施町飯田607
☎026-247-3262
FAX 026-247-3854
http://www.syousendo.com
営業時間　8時〜18時
休み　不定
取り寄せ　通販あり→HPへ
○「純栗ペースト」（¥609）や「栗まん」（1個¥210）などの通年商品の他に、季節限定商品あり。

⓬ヘルシーMeat大鹿 加工直売所（鹿肉、猪肉）――ページ82
下伊那郡大鹿村大河原2655
☎／FAX 0265-39-2275
休み　日曜および不定休
取り寄せ　可（電話もしくはFAXで）

○鹿肉の他に、猪肉のブロックなどがある。村内の「塩の里」、「秋葉路」でも販売。
※野外作業のため不在のこともあるので事前予約または確認を！
☎090-4464-2947

⓭信州堂（りんご、桃、野菜他）――ページ90
上高井郡小布施町北岡555-3
☎026-213-7740
http://shinshudo.jp/
営業時間　9時～17時
休み　日曜
取り寄せ　通販あり→HPへ
○収穫期の5月～10月のみ、小布施町内にある造り酒屋「松葉屋本店」前の倉庫が直接販売所に（不定休）。

⓮小布施ワイナリー DOMAINE SOGGA（ワイン、ジュース他）――ページ96
上高井郡小布施町押羽571
☎026-247-2050
FAX 026-247-5080
http://www.obusewinery.com
営業時間　9時～16時
休み　1月1日～3日
取り寄せ　可（電話で相談のうえで）
○ワインは¥1500～。ぶどうジュース、りんごジュースなども手がける。ワインセラー、ぶどう畑の見学コースあり。詳しくはHPで。

⓯福源酒造（シードル、日本酒）――ページ100
北安曇郡池田町池田2100
☎0261-62-2210
FAX 0261-62-8050
http://www.sake-fukugen.com/
営業時間　8時～17時
休み　土曜、日曜、祝日
取り寄せ　通販あり→HPへ
○日本酒は720ml ¥1313～。日本酒原酒の「八年梅酒　原酒」（500ml ¥1449）などもある。

◎日本料理　温石（和食）――ページ104
松本市元町1-3-27
☎／FAX0263-36-0985
http://www.onjaku-tadokorogaro.com/
営業時間　昼の部・12時～、夜の部・18時～20時（入店）
休み　日曜、祝日
取り寄せ　不可

○料理はおまかせ1コースのみ。昼の部 ¥5250、夜の部 ¥8400。2日前までに要予約(2〜6名)。
「ギャラリーtadokoro」を併設(11時〜16時、不定営業。年に数回、企画展あり。常設では田所真理子さんの作品を展示、販売)

⑯真澄蔵元/宮坂醸造(日本酒)——ページ110
諏訪市元町1-16
☎0266-52-6161
http://www.masumi.co.jp
営業時間 9時〜18時
取り寄せ 通販あり→HPへ
○ショップ「セラ真澄」は2011年夏にリニューアルオープンの予定。現在は仮店舗で営業中。(☎0266-57-0303〔直通〕)。
真澄オリジナルの「7号酵母」を使った日本酒もさまざまに揃う(720ml ¥914〜)。

⑰大信州(日本酒)——ページ110
松本市島立2380
☎0263-47-0895(松本蔵)
FAX 0263-47-8007
http://www.daishinsyu.com/
取り寄せ 可(電話もしくはメールで)
○松本蔵では全商品を取り扱う。豊野蔵(長野市豊野町浅野772-2)は見学のみ。見学を希望する場合は、電話もしくはe-mail:info@daishinsyu.com.で。
仕込みタンクをブレンドしないので、種類豊富で、限定品が多い(720ml ¥1050〜)。

⑱信濃ハム(ハム、加工肉)——ページ120
中野市中央4-4-32
☎0269-22-2257
FAX 0269-23-1186
http://www.shinanoham.jp/
営業時間 10時〜19時
休み 日曜、祝日
取り寄せ 可。予算に応じた詰め合わせも応相談。まずは電話で。
○ドイツ流の製造法によるハム、ソーセージ類はすべて肉選び、熟成、仕上げまで職人による手作業。

◎オーベルジュ・エスポワール(フランス料理、ジビエ料理、オーベルジュ)——ページ124
茅野市北山蓼科中央高原
☎/FAX 0266-67-4250
http://www.resort.wide-suwa.com/espoir
営業時間 12時〜14時(LO)、18時〜20時(LO)
休み 木曜、月1回水曜(ただし8月は無休、3月は第3、4週

休業）
客室数　３室（バス・トイレつき）。１室２名利用、１泊朝食付き（￥１３６５０～／１人分（サ別））。
○ランチ（￥４７２５～）、ディナー（￥６８２５～）共に予約制。子どもの利用は要相談。

⑲扉温泉 桧の湯（温泉、温泉水）――ページ130
松本市入山辺８９６７-４-２８山辺地区農林家組合
☎０２６３-３１-２０２５
http://www.mcci.or.jp/www/hinoki/
営業時間　10時～19時（最終受付18時30分）
取り寄せ　不可
○入浴料：大人￥３００、子供￥２００、入浴＋休憩室利用の場合は大人￥６００、子供￥３００。「かけす食堂沢渡店」（木曜定休）併設。休憩室での食事も可。

◎安曇野 翁（そば）――ページ134
北安曇郡池田町中鵜３０５６-５
☎０２６１-６２-１０１７
営業時間　11時～17時（そばがなくなり次第閉店）
休み　月曜（祝日の場合は翌火曜）
取り寄せ　不可
○ざるそば￥８４０、田舎そば￥８４０、おろしそば（辛み大根）￥１０５０、鴨せいろ￥１３５０。温かいそばは12月～3月のみ。かけそば￥９００、鴨南ばん￥１４００

⑳清水牧場チーズ工房（チーズ、乳製品）――ページ148
松本市奈川51
☎０２６３-７９-２８００
ＦＡＸ ０２６３-７９-２８０１
http://www.avis.ne.jp/~svarasa/
営業時間　10時～17時
休み　火曜、年末年始（祝日、ＧＷ、お盆は無休）
取り寄せ　可（電話もしくはＦＡＸで）
○「羊のチーズ」は初夏限定。牛のチーズは、干し草を食べている時期と青草を食べている時期でミルクの風味が変わるので、味わいも違ってくる。食べ比べるのも楽しい。

ル・ヴァン・ナチュレル＝自然派ワイン。右から「シャルドネ」「メルロ」「ゲヴェルツトラミネール」。ワインは￥1575～ ⑭

本格的なシャンパン製法（瓶内2次発酵）で造る「小布施スパークリング」。超辛口からやや甘口まで揃う ⑭

伝統的な造りの「田舎風 発酵シードル」は辛口（￥1575）と甘口（￥2100）。「ジュド レザン」（￥1260）は無添加ぶどうジュース。各750ml ⑭

地下の冷気が地上にわき出る〝風穴〟を利用してゆっくり熟成させる「大信州 純米吟醸 風穴貯蔵」（地域限定品） ⑰

「大信州 純米吟醸生 立春うすにごり」は微発泡のにごり酒。旨みは濃く、シュワっと軽やか。720ml ￥1575～ ⑰

「真澄 純米吟醸 別撰金寿」。深みのある香り、味わい。720ml ￥1617 ⑯

「真澄 吟醸 生酒」。寒仕込みの新酒を低温熟成。夏に。720ml ￥1313 ⑯

「真澄 純米吟醸 山廃造り」はふた夏熟成。濃醇な味わい。720ml ￥1575 ⑯

「ルルベル・シードル」。信州産りんごの果汁だけで醸造。ドライな仕上がり。330ml ￥714、750ml ￥1575 ⑮

「福源 純米酒 無濾過原酒 生」。骨太で、コクがある。720ml ￥1418 ⑮

「北アルプス 特醸純米酒」は米の旨みを感じる1本。720ml ￥1313 ⑮

「空蟬」。少量の砂糖を加えて絞ったきんとんは、まんま栗の味。1個￥189～（9月下旬～1月中旬の限定品） ⑪

「純栗水ようかん」。あっさりと上品夏仕様。1缶￥367～（夏の限定品） ⑪

「純栗ペースト」。小布施栗100％、煮つぶして練りあげてある。小布施栗のおいしさを凝縮！ 1瓶￥609 ⑪

「朴葉巻き」はこしあん、粒あん、ゆずあんの3種。葉に包んだ状態で4～5日保つ。各1個￥100、ひと枝5個つき￥500 ⑥

「山のチーズ」。3カ月熟成させた半硬質のウォッシュタイプ。焼いても美味。1カット（約200g）¥1350～ ⑳

「森のチーズ」。本格派ウォッシュチーズ特有の香りと旨み、くせがある。1ホール（250～350g）¥1887～2562 ⑳

「バッカス」。9カ月以上熟成させた硬質チーズ。長期熟成により味が凝縮！ 1カット（約200g）¥1550～ ⑳

「羊のチーズ」。羊乳ならではのコク。草の香りがする。夏季限定品。1ホール（150～200g）¥1500～ ⑳

「プティニュアージュ」。ふんわりとかためたチーズ。ミルクの甘さが口中に広がる。1個（200g前後）¥650 ⑳

「クワルク」。クリーミーなフレッシュタイプ。パンに、サラダやフルーツとともに。1個（200g）¥650 ⑳

「しぼりたて牛乳」。夏から秋に高山放牧されるブラウンスイス牛から毎日搾られる濃厚ミルク。（900ml）¥550 ⑳

「ヨーグルト」（450g）と、「ドリンクヨーグルト」（500g）。ともに生乳100%、とろりと濃密。各¥550 ⑳

「無添加ベーコン」。じっくり燻された旨みが特徴。ブロック（400g）¥1180、スライス¥310／100g ⑱

「手づくりポークハム」。きっちり熟成させた豚肉本来の味わいは、まずそのままで。スライス（250g）¥710 ⑱

「ソーセージ」。ドイツ流製造法をもとに熟練した職人がすべて手作業で。まざりけのない味わい。250g ¥485 ⑱

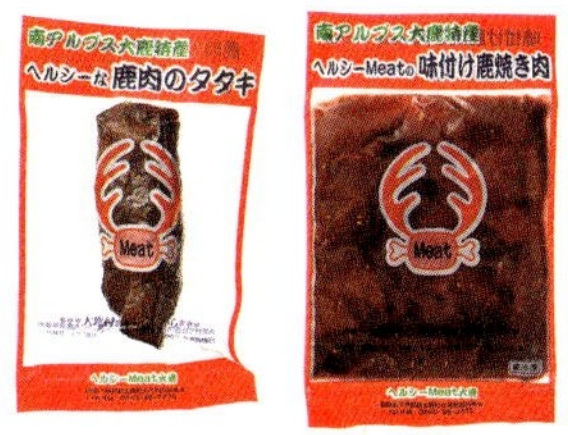

右「鹿もも 味付け焼き肉用」はやや厚めのひと口サイズ。300g ¥980 左「鹿肉のタタキ」は上質な肉質のみを使用。100g ¥600 ⑫

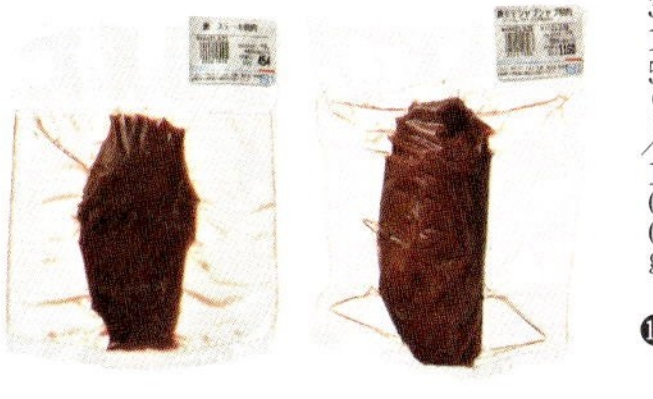

「鹿肉ブロック」「鹿肉ステーキ用」。迅速に処理された鹿肉は臭みがない。部位にもよるが¥315～／100g ⑫

＊文末の数字は166～171ページのお店LISTの番号です。

右から「自家製ブルーベリージャム」「自家製プルーンジャム」は甘さ控えめ。各150g ¥630。「はちみつブルーベリー」はフルーツソースとして。250g ¥840 ❾

「KAIDA FARM りんごジュース」。開田高原産紅玉やサンふじをブレンド。すっきりとした味わい。¥840 ❾

右「手づくりりんごジュース」。完熟サンふじを使用。1000ml ¥600 左「りんごジュース（ビオロジック栽培）」。同じ完熟サンふじでも、ビオりんごのジュースは色合いが濃く、味わいすっきり。250ml ¥500 ⓭

「りんごジャム」「杏ジャム」。りんごはビオロジック栽培のサンふじ、杏は松代産の自家栽培。各200g ¥500 ⓭

「桃 白桃ブレンド」。川中島白桃など数種の白桃をジュースに。完熟させた果肉と果汁60%。1000ml ¥700 ⓭

右から、「カンパーニュ317」は噛むほどに麦のおいしさがじんわり、¥1／1g。「バゲット」は上田店のみ、¥1.3／1g。「ホワイトレーズンパン」はレーズンの量にびっくり、¥1.6／1g ❶

上「大鹿豆腐」。80年、変わらぬ製法で作る、昔ながらのお豆腐。1丁 ¥140。下「大鹿とうふ」。中尾早生100%。ずしりと重い。1丁 ¥500 ❺

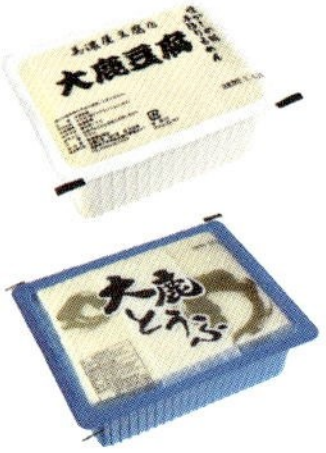

「大鹿油揚げ」。薪釜で揚げたお揚げは香ばしく、油の重さゼロ。5枚入り ¥300 ❺

右「ぬ（む）きぐるみ」。殻がとても硬い鬼ぐるみは、むいてあると便利！ 左 大鹿村産の豆は中尾早生以外にも大豆や鞍掛け豆、黒豆などいろいろ ❹

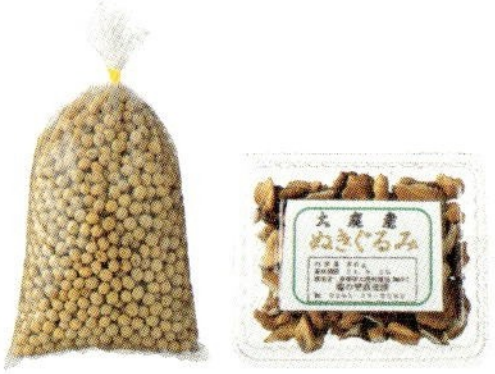

扉温泉 桧の湯の「温泉水」はアルカリ性単純泉。わずかに硫化水素の匂いと苦みがある。¥100／20ℓ ⓳

「山塩」。鹿塩温泉の塩泉を煮詰めて、精製。海水塩と比べにがり成分が少なく、塩気もまろやか。50g ¥530 ❸

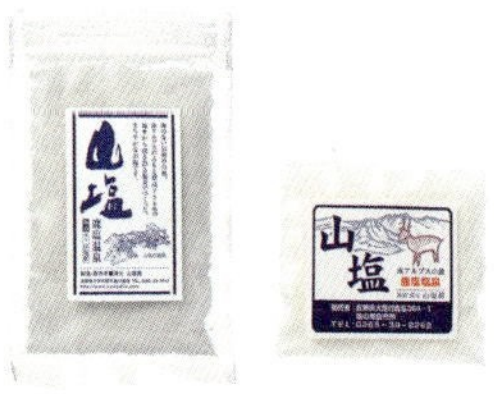

伊藤まさこ

1970年、神奈川県横浜市生まれ。文化服装学院でデザインと洋裁を学ぶ。その後、料理や雑貨など暮らしまわりのスタイリストとして、数々の料理本、雑誌で活躍。料理や裁縫などの「手作り」を楽しみ、手間を惜しまない、センスのいい丁寧な暮らしぶりが多くの女性たちの共感を呼び、最近は、スタイリストの仕事だけでなく、好きなこと、楽しいこと、興味のあることへと、仕事の幅を広げている。著書に『東京てくてくすたこら散歩』『京都てくてくはんなり散歩』（以上、文藝春秋）、『あの人の食器棚』（新潮社）、『ちびちび　ごくごく　お酒のはなし』（PHPエディターズ・グループ）、『ならいごとノート』（ソニー・マガジンズ）、『信州ハンドクラフト手帖』（信濃毎日新聞社）など、多数ある。

本書は、「クレア・トラベラー」（2009年3月号〜2010年5月号）の連載に追加取材のうえ、大幅に加筆・修正しました。

ブックデザイン　渡部浩美
写真　杉山秀樹

信州《しんしゅう》てくてくおいしいもの探訪《たんぼう》

2010年9月15日　第1刷発行

著　者　伊《い》藤《とう》まさこ
発行者　藤田淑子
発行所　株式会社　文藝春秋
〒102-8008　東京都千代田区紀尾井町3-23
電話（03）3265-1211
印刷所　光邦
製本所　大口製本

ISBN 978-4-16-372460-7

「ブルーベリー」には早生、中生、晩生種があり、時期によって味わいも変わる。早いところで6月、9月初旬まで ⑨

「信州堂の桃」。自家栽培品種はあかつき、滝ノ沢ゴールド、なつっこ、川中島白桃、みかなど。8月上旬から9月初旬 ⑬

「信州堂のビオりんご」。ビオロジック栽培ものは見た目はいまひとつでも、味ににごりがなく、さわやか ⑬

「かりん」。信州各地でみられるが、諏訪湖周辺にはかりんロードが。10月下旬が旬。購入は特産品を扱う店などで。

「山菜」「ふきのとう」。春の遅い信州、山菜が出まわるのは4月に入ってから。たらの芽、山うど、わらび…… ②

「芹」。松本の市場に出回るのは3月、4月ごろから。自生の芹もその頃から ②

「アスパラガス」。信州のアスパラ名産地と言えば北信の飯山市や中野市ですが、松本近郊でも。4月、5月が旬 ②

「ルバーブ」。6月から7月がやわらかくておいしい時期。夏過ぎると皮が固くなる。小口切りにして冷凍保存も可 ②

「バジル」「トマト」。7月ごろから最盛期を迎える。トマトもおいしくなる時期、一緒に。バジルは冷凍保存も可 ⑦、⑧

「八町きゅうり」「小布施丸なす」。ともに信州伝統野菜。実が肉厚で種が少なく、味がいい。小布施なすは肉質が硬く、煮崩れしにくい。7月から9月が時期 ⑬

「ゴーヤ」「みょうが」「とうがらし」。信州の郷土料理、やたらの材料に。苦味、香り、辛みは暑い夏にぴったり ②

「おくら」「うり」「いんげん」。信州の夏のごちそうと言えば、野菜！ 味を堪能するならシンプルな食べ方で ②

「ズッキーニ、バナナピーマン、紫ピーマン」。見事な色合いも夏の醍醐味 ⑩

「松本一本ねぎ」。信州の伝統野菜。夏に植え替えることで甘みが増し、やわらかくなる。10月中旬から2月上旬 ②